# LA **DÉCOUVERTE**
# DE L'**ATLANTIDE**

# **Discovery** Publisher

Titre original : Our Story of Atlantis
2019, Discovery Publisher

Pour l'édition française :
©2019, Discovery Publisher
Tous droits réservés

Auteur : William Pike Phelon
Traductrice : Typhaine Spieth
Relectrice : Françoise Belaqueaut

616 Corporate Way, Suite 4888
Valley Cottage, New York, 10989
www.discoverypublisher.com
edition@discoverypublisher.com
facebook.com/discoverypublisher
twitter.com/discoverypb

New York • Paris • Dublin • Tokyo • Hong Kong

# TABLE OF CONTENTS

# LA **DÉCOUVERTE**
# DE L'**ATLANTIDE**

# AVANT-PROPOS

Il n'est désormais plus nécessaire pour un auteur d'écrire en puisant de ses propres connaissances. C'est aujourd'hui un fait avéré. Il pourrait écrire à partir de l'expérience d'un autre individu, en qui il aurait autant confiance en l'honnêteté et la fiabilité, si ce n'est plus, qu'en lui-même.

Tel est le cas avec ce petit livre, qui traite d'un sujet concernant le monde entier d'aujourd'hui. Depuis six années, son manuscrit était prêt à être imprimé. Aujourd'hui, avec le soutien et les encouragements de mes chers camarades de la Fraternité hermétique, on m'a invité à le faire connaitre au monde entier.

Qu'il puisse venir en aide aux Atlantes d'autrefois, où qu'ils se trouvent..

W. P. PHELON, M. D

Belle Atlantide, pays sans égal !

Bercée au sein de l'océan,

Gisant là, radieuse et si jolie,

Loin sous la frénésie du vent ;

Jamais n'as-tu rien subi de mal ;

Amour et quiétude t'inondaient ;

Et sur toi, Atlantide engloutie !

Grondent les flots sans cesse tourmentés.


Dans ces histoires, presque traditions,

Ainsi que leur mythique fil doré,

Nous trouverons les noms et les histoires,

De tes cités, belles et âgées ;

Bardes rêveurs contaient avec espoir

Ménestrels chantaient tes épopées,

Et sur toi, Atlantide engloutie,

Grondent les flots sans cesse tourmentés.

Chaque cœur bat ainsi pour une nation ;

Ceux qui l'aimaient l'avaient perdue –

Là où les bancs de sable luisaient

Les eaux de la vie avaient plu ;

De majestueuses villes se dressaient

L'amour, maitre sous ces firmaments

Et sur cette Atlantide engloutie

Grondent les flots tourmentés du Temps.


Heureux celui qui songe au passé

Depuis une vie plus importante

Et juge n'être qu'une vaine fantaisie

Son continent perdu d'Attente ;

Ou qui, par amour et par plaisir

Trouve son foyer neuf ravissant

Satisfait que sur son Atlantide

Grondent les flots tourmentés du Temps.

# CHAPITRE I
## *L'ATLANTIDE PERDUE*

« Pourquoi ce livre a-t-il été écrit ? » est la question la plus pertinente que l'on peut poser à un auteur au début de sa rédaction. Elle est répétée encore et encore par les critiques et les lecteurs après la publication. Et cette question est certainement justifiée lorsque les sujets couverts par le livre sortent de l'ordinaire, comme c'est le cas ici.

Les traces écrites éparses du passé qui viennent de cette période historique n'apporteraient apparemment qu'à peine assez d'informations pour rédiger un intéressant, mais court, article de magazine, et certainement pas assez pour en écrire un livre.

Toutefois, nos scientifiques les plus avisés reconnaissent aujourd'hui que chaque configuration, ainsi que les circonstances qui y correspondent, suggère l'existence d'une ile aussi vaste qu'un continent dans le voisinage du grand archipel des Indes occidentales, voire directement située dessus. Ainsi, l'entière configuration du continent nord-américain raconte l'histoire de la mer intérieure qui a franchi ses barrières dans la région des Mille Îles pour se déverser dans le fleuve Saint-Laurent avant de se jeter dans les chutes du Niagara, en laissant derrière elle la vallée du Mississippi dans laquelle pourront ensuite s'installer les hommes.

Les textes sacrés de toutes les nations s'accordent à dire qu'une catastrophe de grande ampleur a frappé une partie, et plus généralement la totalité, de la Terre. Dans un numéro récent de *Mind*, un article intitulé « Un hommage à l'Atlantide[1] » a été publié, dans lequel on peut lire ceci : « Une découverte notable et de grand intérêt pour les historiens, en particulier pour les spécialistes des antiquités, a été réalisée dernièrement par le célèbre archéologue Augustus Le Plongeon. Cette découverte devrait particulièrement attirer l'attention des Américains, puisqu'elle leur permet de revendiquer l'un des plus importants monuments des temps anciens. L'édifice en question est la Pyramide de Xochicalco, construite à environ 1645 mètres au-dessus du niveau de la mer, au sud-sud-ouest de Cuernavaca, à environ 95 kilomètres de la Ville de Mexico. Pendant plus d'un siècle, d'éminents chercheurs, dont l'érudit Humboldt, ont mené des expéditions pour étudier cette pyramide ; mais aucun n'est parvenu à découvrir la raison pour laquelle ce monument avait été érigé ni à déchiffrer les inscriptions gravées sur ses côtés.

En 1886, Dr Le Plongeon publiait déjà sa clé de chiffrement des hiéroglyphes mayas, en les comparant à l'écriture hiératique de l'Égypte antique. Il a désormais découvert que les symboles présents sur la Pyramide de Xochicalco étaient à la fois mayas et égyptiens ; et après une étude minutieuse de ces inscriptions décoratives, il lui était évident que cette pyramide était un bâtiment monumental érigé pour commémorer la submersion et la destruction du continent de Mu (l'Atlantide de Platon) et de sa population de 64 000 000 êtres humains, il y a environ 11 500 ans. »

Dans son œuvre remarquable *La Reine Moo et le sphinx égyptien*[2], Dr Le Plongeon fournit quatre explications mayas différentes de la même catastrophe. Celle-ci est donc la cinquième et représente,

---

1. A Monument to Atlantis.

2. *Queen Moo and the Egyptian Sphinx*.

d'après lui, la plus importante de toutes les traces écrites connues en langage maya concernant l'effroyable évènement à l'origine de l'histoire du Déluge universel, que l'on retrouve dans les livres sacrés des Juifs, des chrétiens et des mahométans.

Ces traces écrites, rédigées sur de la pierre, des briques séchées, du papyrus, racontent toutes la même histoire. Le peu d'informations que nous possédons sur les Aztèques la confirme également. D'où venait ce peuple d'Amérique du Sud, avec sa civilisation avancée et ses traditions du Passé ? Quel peuple puissant a construit les grandes villes et leurs temples, maintenant recouverts par la forêt, du Yucatán et de l'Amérique Centrale, avec leurs glyphes sculptés similaires aux hiéroglyphes de la vallée du Nil, et aux entablements est indien ; et qui, en outre, se trouvent sur des bâtiments à l'architecture semblable à celle d'Égypte et d'Inde. Est-il raisonnable de supposer qu'il n'y ait aucun lien commun entre toutes ces similarités ? La pensée d'Égypte antique a dominé le monde jusqu'à aujourd'hui. Nos morts reposent dans des cercueils plutôt que dans des sarcophages. L'idée est la même – que le fantôme du défunt puisse s'épargner la peine de se faire un nouveau corps, peut-être au dernier moment, pour le grand jour de la résurrection.

L'unité de la Trinité de Dieu, qui est aujourd'hui universellement reconnue, était une idée égyptienne, et on la retrouve façonnée dans les tablettes de pierre déterrées par Le Plongeon et son aimable épouse dans les forêts des Mayas et des Quichés.

Si cette nation, dont ces trouvailles ne sont que de piètres vestiges, n'a pas disparu suite à un apogée cataclysmique, nous devrions certainement avoir des données historiques plus récentes. Puisque l'esprit de la génération actuelle est plus désireux que jamais de connaitre la Vérité, l'idée d'une présentation et d'une perception astrale a son importance, d'autant plus que les livres de la Sagesse du Passé racontent que tous les actes et manifestations se produisant sur Terre sont automatiquement consignés dans des archives.

Il serait légitime de se demander pourquoi ceux qui se sont joints au reste de l'Invisible s'intéresseraient à l'épanouissement et au développement de l'espèce humaine, qui s'escriment toujours à avancer sur les chemins tortueux de la planète. Si la doctrine de la réincarnation est vraie, ne serait-ce alors pas dans l'intérêt des Égos à venir que l'espèce humaine soit aussi avancée que possible, afin que ces réincarnés occasionnels puissent bénéficier des meilleures conditions de vie possibles, au contact de la Terre et à n'importe quel moment. S'ils faisaient partie des classes sociales avancées et cultivées d'Atlantide et des débuts de l'Égypte antique, ceux qui reviennent à la civilisation actuelle jouiraient d'une vie plus confortable, grâce à nos divers loisirs et activités, que s'ils avaient été jetés au milieu des horreurs et des ténèbres de l'âge de pierre.

De temps à autre, on a attiré mon attention sur des informations et des données utiles, à partir desquelles j'ai écrit ce livre, car elles seraient intéressantes pour tous ceux qui cherchent à SAVOIR. Je ne doute ni de l'authenticité de mes informations ni des faits affirmés par les personnes qui ont bien voulu faire de l'écrivain leur porte-parole à travers ce recueil de souvenirs anciens.

Je ne doute pas que beaucoup de lecteurs seront frappés de visions fugitives de ces scènes, comme s'ils y avaient participé. Il est communément admis qu'il n'y a jamais eu, depuis la chute de l'Atlantide, autant d'Atlantes réincarnés sur Terre en même temps qu'aujourd'hui. Cela explique l'intérêt presque universel pour les connaissances oubliées des sciences occultes, qui sont consignées dans les annales akashiques, ainsi que la volonté de l'esprit des gens à recevoir les connaissances des doctrines de guérison psychique, de spiritualisme, de théosophie, et de toutes les branches de l'occultisme.

La théorie de l'Atlantide d'Ignatius Donnelly est soutenue par Sir Daniel Wilson, président de l'Université de Toronto, qui déclare, après de nombreuses recherches, que la cité perdue d'Atlantide n'était pas un mythe et qu'elle faisait bien partie du continent américain. Il explique sa disparition d'une façon différente, mais ce n'est que secondaire.

Selon la théorie de Donnelly, ce continent a été submergé par une terrible éruption volcanique, et la tradition du Déluge a été relayée par les rescapés qui s'étaient réfugiés en Europe et en Asie. Sir Daniel rejette cette explication, car il n'y a aucune trace d'une telle activité volcanique ni sur les continents ni sur les fonds marins. D'après lui, les habitants d'Égypte antique, le peuple le plus progressiste et aventureux des temps anciens, avaient découvert ce continent, mais, dû au déclin de leurs connaissances et de leur pouvoir, il fut perdu de vue ; sans compter le fait que ce continent existait à une période où nos connaissances de l'Égypte ne se résument qu'à de vagues traditions.

Il estime qu'il faudrait chercher des traces d'Égyptiens de cette époque dans les ruines des villes d'Amérique Centrale, dont les origines n'ont jamais été déterminées et n'ont même jamais été au centre d'une quelconque théorie sérieuse. Grâce à une telle découverte, la légende d'Atlantide reposerait sur des bases sérieuses, et cette théorie suscite un intérêt nouveau pour ces merveilleuses ruines aux yeux des antiquaires.

Dans le *St Louis Republic* était écrit : « L'Atlantide était un continent censé avoir existé à une époque très ancienne dans l'océan Atlantique, face aux Colonnes d'Hercules », mais qui fut ensuite englouti lors d'un cataclysme dont on ne trouve aucune trace dans l'histoire. Platon est le premier à en parler, et on raconte qu'il avait obtenu ses informations de certains prêtres égyptiens avec lesquels il était en contact. Voici ce qu'il affirme : « L'Atlantide était un continent plus large que l'Asie et l'Afrique réunies, et à son extrémité ouest se trouvaient des iles qui permettaient de circuler facilement jusqu'à un continent situé plus loin encore – et on suppose aujourd'hui que ce dernier continent mentionné soit l'Amérique du Sud. » Neuf-mille ans avant l'époque de Platon, d'après la tradition, l'Atlantide était un pays puissant et densément peuplé qui s'était élargi jusqu'en Afrique et sur une partie considérable de ce qui est aujourd'hui l'Europe, « et allait même jusqu'à la mer Tyrrhénienne. » La progression de l'invasion des Atlantes a été freinée par les efforts combinés des Athéniens et d'autres Grecs. Peu de temps après l'expulsion des envahisseurs hors d'Europe et d'Afrique, un terrible tremblement de terre secoua l'Atlantide, en partant du centre vers la circonférence du pays. D'abord, les iles périphériques coulèrent ; puis de grandes régions du continent sombrèrent à leur tour. Des vagues hautes comme des montagnes déferlèrent sur plusieurs centaines de kilomètres carrés de ce qui était la veille encore des champs fertiles. Les grands temples furent dévastés et mis en pièces, et la population terrifiée grimpa sur les ruines pour fuir les eaux envahissantes. Le second jour, après une nuit de terreur qu'aucun mot ne pourrait décrire, les secousses du tremblement de terre se firent encore plus violentes, et ne s'arrêtèrent qu'une fois le continent entièrement englouti. Aucune page de l'histoire ni aucune tradition ne témoignent d'un désastre plus effroyable que celui-ci, et rien ne serait plus captivant qu'un ouvrage entièrement dédié à un récit regroupant les informations que l'on a sur cet évènement.

À l'attention des détracteurs qui proclament que les explorateurs du monde entier n'ont trouvé aucune trace de ce grand continent et de sa ville – dont je m'efforcerai de raconter l'histoire dans les prochaines pages – permettez-moi de vous fournir quelques brindilles flottant dans la mer de notre littérature actuelle, qui prouvent que l'histoire du passé est toujours présente dans la région centrale de notre continent :

« Le témoignage récent de la découverte d'une ville oubliée depuis longtemps au milieu des montagnes de l'État du Sinaloa au Mexique par un citoyen des États-Unis concorde avec une curieuse tradition locale de la région. L'État voisin au sud de l'État du Sinaloa est celui du Jalisco, dont la capitale est Guadalajara. Dans les montagnes du Jalisco – qui font partie de la grande Sierra Madre ou "Chaine de montagnes mères" qui s'étend à travers le Sinaloa et continue vers le nord – vivent les Yaquis insoumis, un peuple aux cheveux bruns, aux yeux clairs et au teint également presque clair. Guadalajara est la seule ville civilisée où se rendent les Yaquis, et l'on a longtemps pensé que leurs repaires fortifiés dans la Sierra Madre dissimulaient non seulement des mines riches en argent, mais également la cité perdue des Aztèques. Personne n'a encore réussi à traverser les contrées sauvages des montages, car le peuple nu des Yaquis est doté d'un système efficace de résistance passive qui a jusqu'à présent bloqué avec succès l'unique ligne d'approche. En dehors des Yaquis, les seuls êtres humains admis dans les montagnes de Jalisco sont quelques Apaches renégats, misérables meurtriers, infiniment plus dangereux pour les éventuels explorateurs que le peuple pacifique, mais tenace des Yaquis. »

Ceux qui se sont intéressés de près à ce sujet n'ont aucun doute sur le fait que les Aztèques descendent directement de la nation puissante qui cherchait à connaitre ce qu'il y avait au-delà de la loi régissant toutes les créations. Voici une description supplémentaire, tirée d'une autre source, de la cité inconnue mentionnée ci-dessus :

« Au court de mes fréquents séjours au Mexique, » rapporte un ingénieur des mines de Philadelphie à un journaliste du *Philadelphia Inquirer*, « j'y ai rencontré de nombreux habitants indiens qui m'ont raconté quelques histoires très singulières. L'une d'entre elles, que tous les Indiens s'accordent à dire, parle d'une immense cité située loin à l'intérieur des terres, qu'aucun homme blanc n'a jamais visitée. On raconte qu'elle est peuplée par une race semblable aux anciens Aztèques, qui vénère le Soleil et offre des sacrifices humains à leur divinité.

« Cette race a, semble-t-il, un stade de civilisation avancé, et les Indiens prétendent que leur cité est pleine d'énormes structures, véritables miracles d'architecture à la fois belle et étrange, qui se trouvent sur de larges rues pavées, dépassant de loin la qualité de celle de la Ville de Mexico.

« Je me souviens qu'un des Indiens m'avait affirmé avoir vu cette cité et ses habitants de ses propres yeux, mais prit ensuite la fuite de peur de se faire capturer. Je ne l'ai évidemment pas cru, mais malgré tout, n'est-ce pas légèrement étrange que tous les récits des Indiens du Mexique au sujet de cette mystérieuse et magnifique cité intérieure se rejoignent parfaitement ? »

Ces témoignages ne sont qu'une partie des nombreuses allusions et traditions suggérant l'existence d'un peuple, quelque part dans le

Sud-ouest, qui connaitrait avec précision la suite d'évènements de l'histoire de l'Atlantide depuis son âge d'or jusqu'à aujourd'hui. Et même s'il n'existe peut-être qu'une seule cité isolée du monde d'aujourd'hui et habitée par les gardiens de la Sagesse ancienne, on trouve encore des ruines d'une telle ampleur qu'elles nous confortent dans l'idée que le peuple qui les a construites ne pourrait pas avoir entièrement disparu de ce continent. Voici, comme preuve supplémentaire, un témoignage de San Diego, en Californie, qui attire l'attention sur le fait que le dragon est un motif privilégié des sculptures est indienne :

« Les ruines d'une cité préhistorique viennent d'être découvertes par un groupe de chercheurs d'or de Yuma qui se trouvait dans le désert du Colorado à la recherche de la mine de Pegleg. Le vent avait dévoilé des murs et des vestiges de bâtiments en pierre mesurant environ 128 mètres de long et 79 mètres de large. Des piliers gigantesques, étrangement sculptés de sorte à représenter des têtes de dragons et des serpents à sonnettes, se tenaient encore dans les sables du désert, et à leurs sommets se trouvaient d'énormes blocs de granite de plusieurs tonnes. Les frises décoratives ressemblaient aux sculptures égyptiennes et avaient été réalisées avec une habileté inégalée des artisans indiens d'aujourd'hui. Des fragments de poteries avaient été trouvés sous les décombres, et, avec les morceaux de frises, ils furent ramenés dans cette ville par un des membres du groupe. Un de ces associés vint à San Diego et les autres retournèrent à Yuma, il y a presque deux semaines. Mais leur découverte fut prudemment gardée secrète, dans l'espoir qu'ils puissent, d'une façon ou d'une autre, en profiter.

« Ces chercheurs, accompagnés de quatre autres personnes, retournèrent ensuite dans le désert pour explorer les ruines. Ils furent repoussés par une tempête de sable et arrivèrent dans cette ville aujourd'hui, mais ils étudieront minutieusement les ruines plus tard dans la saison quand les conditions seront favorables à une exploration approfondie. Aux vues des reliques rapportées, il est évident qu'une importante découverte archéologique a été faite. »

Après lecture de ce témoignage, on remarque une particularité concernant les circonstances de la tempête de sable. Il en a toujours été ainsi. Une tempête ou tout autre phénomène naturel surgit soudainement et repousse tout effort d'atteindre ces merveilleux vestiges de cités préhistoriques, voire actuelles. Quand les hommes seront prêts à les rechercher, en quête de connaissances et non pas de trésors, alors les clés pour révéler les mystères du Passé seront remises aux personnes qui les méritent, et nos théories rédigées dans ce livre seront bien largement corroborées. Ce qui suit est encore un autre récit d'une remarquable découverte et témoigne de l'immense population de l'ancien royaume de l'Atlantide à son apogée. Il nous vient cette fois-ci de la Ville de Mexico, le cœur des civilisations modernes Atlantes ou Aztèques :

« Ce qui semblait être la vérification d'une ancienne fable aztèque concernant un peuple inhumé de troglodytes et une citée cachée dans le sud-ouest du Mexique intéresse à présent les scientifiques locaux. L.P. Leroyal, un ingénieur français qui a longtemps vécu dans la République du Mexique, vient tout juste de revenir des contrées sauvages du sud-ouest et rapporte qu'il a découvert une immense grotte naturelle dans l'État de Guerrero, qui serait d'après lui la plus grande du Mexique, voire du monde entier. Il prétend qu'elle serait bien plus vaste que les célèbres grottes de Cacahuamilpa, situées au sud de Cuernavaca, qui étaient jusque-là réputées comme étant les plus grandes grottes naturelles du Mexique. Leroyal, après avoir parcouru une distance considérable dans la grotte, décida de l'étudier minutieusement, et se munit donc, il y a quelques jours, de suffisamment de nourriture pour un jour, de lanternes, etc., et débuta seul sa tâche. Au cours de son exploration, il réalisa un plan rigoureux de la grotte, mais il ne s'attendait pas à ce que sa tâche soit si ardue. Au début, le sol de la grotte descendait progressivement, puis remonta, avant d'alterner la plupart du temps entre des descentes et des montées. La grotte était toutefois très large par moment. Sa hauteur variait, comme on pouvait s'y attendre d'une grotte naturelle ; à certains endroits elle montait à plusieurs centaines de pieds. À partir d'une certaine distance de l'entrée, toute trace humaine disparaissait. De temps à autre apparaissaient de splendides stalactites et stalagmites, les plus belles que Leroyal n'ait jamais aperçues.

« Après avoir avancé pendant plusieurs heures, il découvrit par hasard ce qui était de toute évidence un ancien cimetière, car il y avait au moins 400 cadavres pétrifiés, accompagnés de vieilles idoles, etc. Il y avait également une fontaine où coulait une eau de source cristalline et délicieuse. Leroyal ramena avec lui quelques outils ainsi que deux ou trois crânes, et ils se trouvent maintenant dans cette ville. L'aspect de ce charnier, éclairé pour la première fois depuis des siècles, était macabre au plus haut point et avait été étudié pour ébranler les explorateurs. Leroyal continua son exploration heure après heure. Ce ne fut qu'après avoir parcouru une distance d'au moins vingt-et-une lieues et demie qu'il décida de s'arrêter et de commencer son voyage de retour. D'après ce qu'il pouvait voir, la distance à parcourir risquait d'être encore considérable, avec des chances de trouver une ouverture puisque le sol semblait avoir été foulé par des humains. Il revint sur ses pas aussi vite que possible, et, après avoir passé plus de vingt-quatre heures sous terre, se retrouva à l'entrée de la grotte. Leroyal promit de se livrer à des explorations plus poussées sous peu. Une équipe parfaitement équipée pour l'exploration de cette merveilleuse grotte des morts devrait être préparée sous la direction de Leroyal, et les résultats de cette excursion seront attendus avec grand intérêt. Les indigènes de la région, et, en fait, la population indienne du Mexique en général, pensent que quelque part à proximité de la côte sud-ouest du Mexique se trouve une grande cité blanche aux innombrables trésors qu'aucun homme blanc n'a jamais vue, et son accès est si complexe et astucieusement dissimulé qu'aucun étranger n'a jamais pénétré au sein de cette ville isolée. »

Avec toute cette quantité croissante d'informations sur le sujet, il semblerait que des efforts pour rassembler les connaissances sur la puissante Atlantide soient bienvenus. Ma réponse à la question « Pourquoi ce livre est-il écrit ? » est de commencer ces efforts, et donc d'attirer l'attention sur ces connaissances.

Du vieux Passé, d'anciens souvenirs me reviennent ;

Où, dans toute sa gloire, apparaissait la lumière,

Comme le peuple vénérait le Soleil qui reluit,

Coiffé de lotus, vantait les cérémonies.

Des lyres dorées, émettant d'harmonieux accords

Sonnaient la tonique, qui sur le monde règne encore.

Plus haut s'élève le chant envoutant des vestales,

Se mêlant aux vagues qui s'échouent sur le rivage.

Du Temple résonnent les mélodieux carillons,

Qui, chez les Atlantes, étaient si doux et profonds.

Au fil des siècles subsistent ces souvenirs anciens

Qui demeurent à mes côtés sans effort aucun.

Toujours dans mon cœur palpitent, telles des vagues en nombre,

Ces vagues endormies qui, hélas, devinrent nos tombes.

Encore. Lancés à l'aube, j'entends les hosannas.

# SOUVENIRS ATLANTES

Isis dans le sanctuaire, voilée aux humains,

Qui n'ont pas lu l'avertissement dans les cieux ;

Ne l'ont pas ouï dans l'océan calme et bleu ;

N'ont pas écouté le chuchotement du vent libre,

Narrant le sort tragique de la belle Atlantide.

Je suis heureux de retrouver cette vieille mémoire,

Que les grands Anges tissent les fils épars de l'espoir

Et nous vêtent ensuite de ses robes d'un blanc de neige ;

Et reluit la lumière mystique sur nos autels,

L'étoile radieuse, jadis au dessus de l'Égypte,

Portant son propre message, à nouveau scintille.

Ce modeste Temple, la mélodie y résonne,

Et les carillons cristallins de la cloche sonnent,

Parmi l'encens qui du sanctuaire se dégagent,

Les anciennes splendeurs atlantes nos esprits égarent.

# CHAPITRE II

Il reste encore quelques bribes d'information parmi les vagues houleuses du développement humain qui complètent notre premier chapitre, et que l'on doit détailler dès à présent ou laisser entièrement de côté. Grâce à deux sources différentes, nous pouvons décrire une ancienne cité mexicaine dans laquelle aucun homme blanc n'est jamais entré, et dont les origines remontent bien avant la conquête espagnole : « M. Juan Alvarez, qui vient tout juste de revenir d'une expédition d'exploration dans le sud-ouest de la République, rapporte la découverte d'une ville qu'aucun homme blanc n'a jamais explorée et qui existait, de toute évidence, depuis des centaines d'années, bien avant la conquête du pays par les Espagnols. Il s'agit d'une ancienne cité aztèque, et la nature protège si bien les alentours qu'il est impossible de s'en approcher sans l'autorisation des habitants.

La ville se trouve dans les montagnes quasiment inaccessibles situées dans l'extrême sud-ouest du pays, et elle est si éloignée de la civilisation que peu d'hommes blancs ne se sont jamais aventurés dans les environs. Ce n'était que par pur hasard qu'Alvarez s'aperçut de la présence d'une ville dans les alentours et, une fois qu'il l'eut trouvée, tous ses efforts pour l'atteindre furent vains à cause de la résistance tenace des indigènes.

Il voyageait dans les montagnes à la recherche d'un débouché vers l'océan Pacifique, lorsqu'il atteignit le sommet d'un plateau élevé et rejoignit son bord le plus éloigné. Il bénéficiait d'une vue magnifique, et, alors que ses yeux parcouraient le paysage, il vit ce qui lui semblait être des maisons dans une vallée lointaine. Un examen minutieux avec des jumelles lui confirma qu'il s'agissait bien d'un ensemble de maisons, et il se mit immédiatement en route pour découvrir qui vivait dans cette partie du pays.

Après des jours d'escalade laborieuse à travers falaises et montagnes, il atteignit un endroit qui offrait un panorama de la ville, qui était ordinairement traversée de rues et peuplée par une race de toute évidence civilisée. Les maisons étaient en pierre et entourées de jardins où poussaient fleurs et arbustes. Le goût des habitants se manifestait partout dans la ville, et il était évident qu'il venait de découvrir une ville inconnue du monde extérieur.

« Un examen minutieux de la région lui révéla que la ville se trouvait au sein d'un amphithéâtre naturel et n'était accessible que par un côté. Il vit que l'on ne pouvait y accéder que par un défilé long et étroit qui menait dans les montagnes depuis la côte du Pacifique, et se dirigea vers l'endroit où se trouvait cette entrée. Il réalisa une esquisse de la ville telle qu'il la voyait depuis le sommet de la montagne éloignée sur laquelle il se trouvait, et il s'agit de l'unique preuve de la présence d'une ville au cœur des montages, car il ne parvint jamais à l'atteindre.

« En se basant sur ce croquis, il est évident que la ville est habitée par au moins quatre-mille personnes. Les maisons sont toutes en pierre et sont équipées de portes et de fenêtres. Au centre de la ville se trouvait un grand bâtiment, sans doute le temple d'un culte, car sur ses murs étaient sculptés des motifs à l'effigie de la divinité. Il avait la forme des anciens téocalis, que l'on peut trouver dans de nombreux endroits du pays, et des personnes y entraient et en sortaient à tout moment de la journée.

« Après dix jours d'efforts laborieux, Alvarez arriva au pied du versant ouest de la montagne et se mit à la recherche du canyon menant à la ville. Il avait si bien dessiné la configuration du terrain qu'il n'eut aucun mal à trouver l'entrée, mais il fut accueilli par un groupe d'Indiens qui lui refusèrent le passage.

« Ils ne firent preuve d'aucune violence, mais exigèrent qu'il fasse demi-tour. Alvarez leur dit qu'il venait des montagnes et ne savait pas par où repartir.

« Après s'être concertés, les Indiens lui annoncèrent qu'il resterait quelque temps en tant que prisonnier. Deux coureurs furent envoyés dans les montagnes et revinrent en un jour avec les ordres d'une personne haut placée. Ils bandèrent les yeux d'Alvarez et le placèrent sur une mule. Il voyagea ainsi pendant trois jours, et son bandeau ne lui était retiré que la nuit.

Le quatrième jour, on lui dit de retirer son bandeau, et, lorsqu'il s'exécuta, il se retrouva au bord de l'océan Pacifique. Les Indiens étaient partis, ne lui laissant rien qui puisse le guider vers l'endroit où il avait vu la ville. »

Cette ville est entièrement décrite dans *Les Futurs Dirigeants d'Amérique*[1], et a été visitée par certaines personnes autorisées.

Notre dernier extrait décrit une autre ville majestueuse, œuvre de la puissante nation dont la capitale, située sur la grande île d'Atlantide, exerçait son pouvoir sur l'est comme sur l'ouest, et c'est ce que nous allons essayer de relater :

---

1. *Future Rulers of America.*

« Les archéologues américains qui se sont rendus dans la cité récemment découverte au sein des montagnes de la Sierra Madre sont de retour, et parlent d'une autre cité cachée à cinq lieues espagnoles au nord de la première. Le chef du groupe, C. W. Pantion, de Philadelphie, affirme que ces cités étaient les capitales jumelles d'une riche province bien avant l'arrivée des Aztèques. Elles sont reliées par des passages souterrains creusés dans le roc, et c'est lors de l'exploration de l'un d'entre eux que la deuxième cité a été découverte. Elle se trouve dans un bassin profond dans les montagnes, sans autres accès que le tunnel souterrain. Ou du moins, aucun n'a été trouvé. »

Puisque nous avons tiré des informations de toutes les sources du visible disponibles, je souhaiterais à présent puiser dans les annales akashiques, que j'estime être fiables et dignes de confiance.

Toutes ces preuves de la similarité de la nature et de la civilisation à l'ouest de la grande cité, qui n'aurait pas pu commercer avec la mère patrie pendant des siècles, ne prouvent-elles pas définitivement, même aux yeux des personnes réalistes et scientifiques, l'existence d'une origine commune aux enseignements religieux, aux coutumes et aux langues, à l'oral comme à l'écrit ? Toutes les découvertes concernant ce sujet confirment cette hypothèse. Nous sommes redevables aux personnes qui, mues par un désir irrésistible, ont soif d'apprentissage et de connaissance. Celles qui, à cette fin, sont prêtes à s'expatrier, à braver les dangers et à surmonter les difficultés qui leur font face, pour parvenir, grâce à quelques conseils fortuits, à exposer au grand jour certaines traces du passé, qui ont été délaissées lorsque le soleil du monde spirituel manifesté s'est couché sur la Terre frissonnante.

Aux yeux du peuple aryen, qui écoute avec enthousiasme, on peut tirer beaucoup de choses de cette ancienne cité. Peu importe de quelle manière la Science et la Religion reçoivent ce qu'on leur offre, qu'elles l'admettent de façon scientifique ou qu'elles l'acceptent comme une chose vraie et de valeur venant de l'invisible. La Science et la Religion n'ont jamais rien accepté de nouveau qui aient été obtenues par des raisonnements inexplorés à moins d'en être forcées.

C'est pourquoi les prêtres de toutes époques font preuve d'un tel conservatisme et ont choisi de taire bien plus qu'ils auraient dû, même au sujet de leur courant de pensée conservateur. Une de leurs règles a toujours été de rester fidèles aux croyances qui avaient fini par les posséder ; comblés et satisfaits de ne pas chercher de nouveaux terrains de réflexion et de ne pas permettre aux autres d'approfondir la vérité.

Toutes les connaissances jamais apprises, qui distinguent la barbarie de la civilisation, étaient en possession des sages de l'Atlantide. À chaque fois qu'un nombre suffisant d'Atlantes apparaissait sur Terre, que ce soit pour contrôler une nation ou pour en former une par eux-mêmes, cette nation ou cette époque connaissait toujours une croissance exceptionnelle. Les derniers jours de la splendeur égyptienne, lorsque les Grecs et les Romains se tournaient vers cette école pour recevoir des enseignements, correspondent à la dernière réapparition connue de l'histoire d'un nombre suffisant d'Atlantes pour permettre le contrôle d'une nation. Ils nous ont laissé les pyramides, le temple de Karnak, ainsi que les majestueuses ruines du Nil et de l'Euphrate en héritage.

Dès que les races de langue anglo-saxonne furent suffisamment civilisées, les Atlantes commencèrent à réapparaitre, surprenant de temps à autre le monde entier par leurs grandes avancées dans les domaines de la sagesse et du savoir, tandis qu'à travers les conquêtes et les découvertes ils ouvraient lentement la voie au peuplement et à la réoccupation des régions qui leur appartenaient ainsi qu'à l'utilisation de leurs anciennes ressources, tout cela dans des circonstances différentes d'autrefois puisqu'ils possédaient une force et une expérience supplémentaire. C'est le seul moyen d'expliquer l'affaiblissement et l'extermination des usurpateurs à la peau rouge, qui n'avaient ni le droit ni la force de revendiquer la région dans laquelle ils s'étaient égarés par hasard durant l'absence temporaire des véritables propriétaires.

Les enfants rouges de la forêt ne méritaient pas autant de compassion. Il fallait respecter la loi : celui qui ne parvient pas à dominer les ressources de l'environnement devra les céder à celui qui le peut. Comment nos larges réserves de ressources minérales et agricoles auraient-elles aidé le développement de l'homme si elles n'avaient jamais été utilisées ? La différence entre les Indiens d'Amérique et les Atlantes anglo-saxons est évidente même pour le plus limité des intellects.

Alors que la ville d'Atlantide se développait, sa population fut dispersée dans des colonies qui exerçaient une profonde et inébranlable influence sur l'ensemble du continent occidental, mais était particulièrement concentrée le long de la région dans laquelle se trouvait l'Atlantide elle-même.

Entre la disparition de la dernière civilisation égyptienne et la dissimulation des annales du monde au même moment, il existe un mystérieux vide, qui ne peut être justifié que d'une seule façon. Lorsque l'Atlantide était à son apogée, certaines nations du monde n'étaient pas aussi avancées qu'elle. Si l'Atlantide avait continué sur sa lancée, toutes les autres nations du monde auraient reçu la lumière et auraient été élevées à un niveau presque similaire au sien ; mais lorsque l'occasion de se développer s'est envolée, elles sombrèrent toutes dans des ténèbres relatives. Quand cette catégorie de personnes s'incarna de nouveau en grand nombre, des évènements tels que la conquête de Rome par les Goths et les Vandales, l'invasion de l'Europe par les Huns, et l'apparition des Tatars se produisirent un nombre incalculable de fois. Alors qu'ils disparaissaient de la vision des mortels, on ne peut qu'admettre l'uniformité de leur objectif et constater le fait très pertinent que le devoir inachevé des Atlantes du Passé lointain est à l'origine de tous leurs maux, à eux et à leurs camarades et associés. N'avons-nous pas compris qu'aucun être humain n'est séparé de nous-mêmes ? Les torts doivent être réparés. C'est la loi éternelle de la véritable justice.

Alors que ces impédimentas[1] irréfléchis qui bloquaient le progrès disparaissent dans l'invisible, l'influence intellectuelle des Atlantes renait suite à leur domination ou au rejet de toutes les personnes qui les surpassaient. Petit à petit, ces « compagnons d'ignorance » ont bénéficié de l'influence édifiante des « enfants de lumières », et chaque génération voit s'agrandir la vague déferlante de personnes instruites et spirituelles, qui finira par englober toutes les nations, langues ou peuples des habitants de la Terre. La nation américaine a énormément contribué à l'éveil spirituel du monde entier. On peut ainsi facilement comprendre pourquoi le grand pouvoir destructeur qui asservit les âmes est dirigé sur nous.

Dans l'Antiquité, quand la lumière de la civilisation rayonnait à Rome et à Athènes, ou, plus tard, à Antioche et dans d'autres villes, ces lieux d'apprentissage flamboyaient et atténuaient les ténèbres, comme les lumières d'un phare du haut d'une colline. Mais comparez cela aux évènements d'aujourd'hui. Une nation unifiée et compacte, semblable à l'ancienne Atlantide, a vu le jour sur une ile difficile d'ac-

---

1. Personne, chose, fait qui entrave le mouvement, l'activité.

cès. Et pourtant, elle parvint à étendre son pouvoir au monde entier. Bien que le nom *anglais* soit haï, son pouvoir est toujours respecté. Non seulement cette nation est-elle présente partout, mais elle est également la fondatrice de la nation américaine avec laquelle elle unit ses forces afin d'instiller une civilisation et des courants de pensée communs aux quatre coins du monde.

La liberté du corps mental, et les capacités de l'esprit qui en découlent ont encore une fois attiré sur le continent américain le plus grand nombre d'Atlantes jamais incarnés en même temps depuis la chute de leur cité. Ainsi, toutes leurs inventions, leurs connaissances, leur sagesse et les résultats de leur force mentale, modifiés et perfectionnés par l'assimilation de centaines d'années de repos dans le Dévachan, s'abattent sur la nation comme un véritable déluge, car de leurs mains tendues ils réclament du Silence ce qu'ils avaient déposé dans les annales akashiques longtemps auparavant.

On s'étonne souvent des évènements liés aux découvertes, ou de l'application de principes parfaitement logiques et liés les uns aux autres. Nous avons certainement atteint un stade où l'on essaie de deviner les usages et les méthodes d'application de ce véhicule de force sur lequel les Atlantes savaient tant de choses ; et, dans leur désir d'en savoir davantage, ils découvrirent qu'une limite les empêchait d'approfondir leurs connaissances. Nous en maitrisons déjà une autre, et nous désirons seulement que les personnes aptes à s'aventurer dans cette direction puissent le faire avec un corps, une âme et un esprit si purs qu'ils ne seront pas concernés par l'entrave qu'ont subie les premiers chercheurs de notre nation à ce sujet.

Cette époque est si célèbre par rapport à d'autres, plus récentes, en raison des faits ainsi mentionnés. Comme il a été prédit à maintes reprises, nous percevons la fin d'un cycle dans le futur proche. Des résultats cataclysmiques – des terres qui sombrent à certains endroits ou qui s'élèvent à d'autres – sont imminents. Lorsque des villes situées de façon particulière se peuplent d'habitants qui n'ont plus d'autres conceptions que celles de leurs désirs égoïstes, les vibrations de leurs pensées ne sont alors plus en harmonie avec les vibrations des pensées universelles. Si cette discorde se maintient suffisamment fort pour se propager au sol sur lequel se tient la ville, cette fondation sera également en proie aux vibrations sur le plan naturel de la Liquidité, et cela pourrait entrainer de graves conséquences.

Seul le Conseil des Sept grands Bâtisseurs connait le dénouement qui attend la période actuelle. Mais voici ce que nous savons : dans une centaine d'années, voire bien avant, l'Atlantide s'élèvera au-dessus des eaux. Tout ce qui se trouve dans ses monuments ou dans ses temples en ruine pourra alors être étudié.

D'ici 500 ans, la majeure partie de la population sera au sud de l'équateur ; ce qui est aujourd'hui recouvert d'eau deviendra de la terre sèche, et l'ancien continent de la Lémurie abritera de nouveau des millions d'habitants. Les scientifiques affirment que le moment où tout l'or, argent et charbon auront été extraits est déjà déterminé. Mais quel manque de prévoyance ! Sous la mer se trouvent mille fois plus de trésors jamais révélés par l'homme.

# CHAPITRE III

Au début des années 1870, après avoir trop longtemps dirigé toute mon attention vers les affaires, il était devenu impératif de me reposer et de changer d'air, aussi mon physicien me conseilla de voyager en mer. Je mentionnai ce projet à un ami de New York, qui possédait des vaisseaux. Il me proposa le poste de subrécargue sur l'un de ses vaisseaux qui s'apprêtait à partir pour San Francisco, « en passant par le cap Horn ». J'acceptai cette opportunité avec enthousiasme, car cela me motivait et m'occuperait pour le voyage à venir.

Mes préparatifs furent brefs. Notre vaisseau quitta le port de New York le 15 juin 1872.

Alors que le dernier phare disparaissait lentement sous les vagues et que la pleine lune se levait dans les cieux, j'observais la terre s'éloigner, loin d'imaginer les instants mémorables et les fantastiques révélations qui m'attendaient au cours de ce voyage avant que je ne regagne la terre ferme. Les pages qui suivent n'en seront qu'une bien pâle description, j'en ai bien peur. Mais il en est toujours ainsi dans la vie, nous vivons des rencontres et des séparations, nous venons et nous repartons. Le résultat de ces rencontres et la souffrance de ces séparations sont inexprimables à l'oral ; mais comment le savoir ? Qui nous parlera, ou nous préviendra, du futur imminent, avec son lot de bonheur ou de malheur ?

Bien que notre vaisseau se consacrait au transport de marchandises, j'avais été informé de la présence d'un seul passager qui, avec l'autorisation spéciale du propriétaire, occuperait la seule cabine disponible. Le reste de l'espace libre était réservé aux officiers du vaisseau dont je faisais partie. Je rencontrai cet homme au moment de sa montée à bord, mais trop préoccupé par quelque affaire du moment, je me contentai de l'usuelle et insignifiante réponse : « Ravi de faire votre connaissance. » Mais je me souvins ensuite d'une dignité d'allure, d'une courtoisie si douce qui se dégageaient de lui ; et de cet étrange, indescriptible frisson qui m'avait parcouru au moment de lui serrer la main, ce genre de frisson qui, par chance, nous traverse une ou deux fois dans notre vie lorsque nous croisons les personnes responsables de la plus remarquable et bénéfique de nos évolutions.

Me tenant ainsi debout à méditer contre la rampe de pompe, je revins à moi en entendant mon nom que l'on appelait distinctement, d'une voix grave et mélodieuse, avec un léger accent étranger. Regardant autour de moi, je fis face à mon interlocuteur, qui reprit :

« Je vois que vous partez en laissant une partie de vous. ».

« Oh, seulement une petite partie, » répliquai-je, « mais je réfléchissais à la certitude des séparations et à l'incertitude des rencontres. »

« Ne pensez-vous pas que l'on se sépare définitivement de nos amis seulement lorsque nous n'avons plus rien à nous apporter mutuellement ? Que tant qu'il nous reste des choses à accomplir ensemble nous les reverrons inéluctablement ? »

« Oui, » lui dis-je, « c'est bien possible, mais c'est l'incertitude humaine qui attriste. »

J'observai pleinement cet homme qui m'attirait de façon indescriptible, toujours davantage à chaque parole prononcée, et ce que je vis restera à jamais gravé dans ma mémoire. Grand, et presque parfaitement proportionné. Des yeux noirs et habituellement bienveillants, dans lesquels on pouvait facilement imaginer ses changements d'humeur, lorsqu'une indignation honnête ou une colère justifiée agitaient leurs profondeurs. Une barbe et des cheveux blancs, et portés légèrement plus longs que ne le voulait la coutume. Son allure était d'une force majestueuse, d'une harmonie sereine, d'une attirance sans égale quant à son désir désintéressé de venir en aide aux autres. Tout cela donnait l'impression qu'il connaissait bien plus de choses qu'il ne l'avouait, et ce dans tous les sujets de conversation qu'il abordait.

Son visage était de ceux que les enfants adorent et que les vauriens haïssent, renfermant à la fois la tendresse compatissante de l'amour d'une mère et la vigilance rigoureuse d'un père. Au cours de la conversation, notre relation évolua de la plus superficielle des connaissances à la plus indéfectible des amitiés. Et cela m'émerveillait, car je ne reçois ni n'accorde facilement mon amitié, mais m'approche lentement de ceux qui m'honorent de leur bonne volonté.

Bien que nous restions quelque temps encore à contempler l'océan, alors que la nuit tombait sur l'eau jusqu'à l'embrasser complètement, le silence nous enveloppait, accompagné de l'étrange sentiment de se complaire dans la compagnie l'un de l'autre, même si aucun mot n'était prononcé, et finalement chacun de nous rejoignit sa cabine pour la nuit.

Comme il est d'usage avec le poste que j'occupais, mes missions au cours du voyage n'étaient presque que nominales, bien que ce temps libre compensât l'activité frénétique lors de la réception et du débarquement de la cargaison ou d'une partie de celle-ci. Je disposais donc du temps nécessaire pour approfondir cette relation si curieusement entamée. Je ne mis pas longtemps à comprendre que mon ami était un érudit zélé et acharné, et que même si nous maitrisions de nombreux sujets d'intérêt commun, il était également versé dans d'autres domaines dans lesquels j'étais relativement incompétent. Il s'exprimait de façon très éloquente et instructive, et répondait volontiers à mes questions.

C'était notamment un expert des choses du passé, ces choses auxquelles les générations d'aujourd'hui ne pensent plus et qu'elles ont oubliées, et il contait ses récits comme s'il les avait vécus lui-même, ce qui ajoutait à l'aspect particulier de ses descriptions. J'en compris la raison plus tard, même si je crus au début que cela avait pour objectif de rendre les histoires plus vivantes et mouvementées.

Enfant, j'avais toujours été fasciné par toutes les informations sur lesquelles je pouvais tomber, au cours de mes lectures ou de mes conversations, au sujet de l'Atlantide. Mais en grandissant, entouré par les idées matérialistes des écoles modernes, j'en étais venu à considérer le peu que l'on savait sur l'ancienne maitresse des océans comme des histoires en grande partie fantastiques, voire totalement invraisemblables.

Après quatre ou cinq jours en mer, alors que nous parlions assis sur la plage arrière, une parole échangée au cours de notre conversation me poussa à lui poser directement cette question :

« Croyez-vous qu'un pays tel que l'Atlantide ait existé ? »

« Sans aucun doute, » me répondit-il d'un ton calme et décidé.

«Mais vous ne pensez tout de même pas qu'un continent entier ait pu totalement disparaitre sous les eaux comme le raconte la légende, sans laisser aucune trace de sa présence comme c'est le cas aujourd'hui ? »

«Et pourquoi trouvez-vous cela impossible ? L'histoire connait-elle quelque chose de la ville qui se tenait sous l'ancienne Troie ? Sait-on qui, et pour quelle raison, a bâti les pyramides d'Égypte ? Que sait-on des villes construites couche sur couche dans la vallée du Nil ? Que peut-on dire sur les *Mound Builders*[1] de votre pays ? Que sait le monde de Palmyre, de Babylone, ou des grandes villes de la vallée de l'Euphrate ? Si leurs ruines n'avaient pas été aussi accessibles, elles seraient toutes tombées dans le même oubli que l'Atlantide. »

«Et », son visage s'adoucit d'une infinie compassion, «peut-être que d'ici quarante ans aurons-nous droit à une leçon pour avoir renié notre passé. »

«Mais peut-être », poursuivit-il, «aimeriez-vous entendre de véritables témoignages de cette époque qui nous sont parvenus jusqu'à aujourd'hui, sur un évènement auquel toutes les personnes vivantes de cette planète sont intimement liées ? »

Suite à mon assentiment enthousiaste, il récupéra de sa cabine un ouvrage en petites lettres noires, rédigé d'après le style d'écriture de l'Extrême-Orient, de droite à gauche sur un parchemin. Il l'ouvrit et lut l'extrait suivant de sa voix douce, traduisant au fur et à mesure de sa lecture :

---

1. N.D.É. Les tribus amérindiennes qui, à l'époque de la préhistoire et au début de l'histoire, ont érigé des tumulus et d'autres travaux de terrassement dans le bassin hydrographique du Mississippi et dans le sud-est des États-Unis.

« Face aux Colonnes d'Hercule se trouvait une ile plus grande que l'Afrique et l'Europe réunies. Cette ile principale était entourée de nombreuses autres plus petites, de sorte qu'il était aisé de passer d'une ile à une autre jusqu'à atteindre le continent plus éloigné. Cette ile était bien un continent, et la mer était un véritable océan à côté duquel « La Mer » des Grecs n'était qu'une baie avec une embouchure étroite.

« Une fédération de Rois régnait sur cette ile de l'Atlantique, et contrôlait la plus grande ile elle-même, de nombreuses iles plus petites ainsi que quelques régions du continent lointain. Ces rois dominaient également sur la partie de l'Afrique qui se trouvait au-delà du détroit de Gibraltar jusqu'à l'Égypte, et sur l'Europe jusqu'à l'Étrurie. Cependant, la progression de cette invasion fut interrompue par l'action héroïque des habitants de l'Attique de l'époque, qui, à la tête des États opprimés, libérèrent enfin les régions délimitées par les Colonnes d'Hercule. Par la suite, ces deux forces adverses furent détruites par de puissants cataclysmes, qui les anéantirent en un jour et une nuit. Les caractéristiques naturelles de la péninsule de l'Attique furent entièrement modifiées, et l'ile de l'Atlantique fut engloutie par les eaux.

« Au centre de l'Ile, Atlantique se trouvait une magnifique plaine. Au centre de cette plaine, et à environ 9 kilomètres de ses limites se dressait une petite chaine de collines. C'est là qu'ont vécu de nombreuses générations du peuple renommé des Atlantes, dont l'ile et l'océan tirent le nom d'Atlantique ou d'Atlantide. Les Rois au pouvoir transmettaient toujours la succession à leurs fils ainés, leurs fils cadets étant destinés à devenir prêtres. Ils possédaient des richesses incommensurables, qu'aucune dynastie n'a jamais égalées ni n'obtiendra jamais aisément. Ces richesses provenaient à la fois de toutes les nations étrangères avec lesquelles les Atlantes commerçaient et de l'Atlantide elle-même, qui regorgeait particulièrement de minéraux, et possédait l'unique mine connue d'orichalque du monde, un minéral aux propriétés exceptionnelles et inépuisables – le métal le plus précieux après l'or.

« La région abondait également en bois et en pâturages. De plus, il y avait une multitude d'éléphants, d'épices, de gommiers, et de toutes sortes de plantes odorantes ; des fleurs, des arbres fruitiers, et des légumes en tout genre, ainsi que beaucoup d'autres denrées luxueuses que ce Continent produisait grâce à son climat bénéfique. Elles étaient sacrées, magnifiques, étranges et infinies. Non seulement les habitants bénéficiaient des avantages naturels de leur splendide pays, mais ils faisaient aussi preuve d'une industrie et d'un talent en ingénierie et dans l'art de la construction. En effet, ils avaient bâti un palais royal au centre de l'île, et, l'un après l'autre, chaque Roi tentait de surpasser son prédécesseur en le décorant et en ajoutant de nouvelles parties au bâtiment, afin que tous ceux qui le contemplaient fussent muets d'admiration.

« Le palais royal était entrecoupé par une succession de cours d'eau et de canaux. Des ponts les enjambaient régulièrement, tandis qu'un immense canal accueillait le plus grand navire de la mer, permettant à la fois d'offrir au palais la protection d'un port, et de faciliter l'import et l'export de marchandises. En façonnant ces cours d'eau intérieurs, ils y aménagèrent des quais taillés dans le roc sur lesquels leurs trirèmes pouvaient décharger leurs cargaisons.

« La pierre utilisée dans la construction de leurs bâtiments était de trois couleurs, blanche, noire et rouge, de sorte que beaucoup de leurs édifices arboraient des couleurs gaies. Leurs murs étaient couverts de cuivre (qu'ils utilisaient comme du plâtre), d'étain et d'orichalque étincelants.

« Au nord-est du centre du Continent se tenait le grand Temple. L'intérieur était couvert d'argent, à l'exception des frontons et des pinacles qui étaient recouverts d'or. À l'intérieur, le plafond était une magnifique mosaïque d'or, d'ivoire et d'orichalque, et tous les murs, les piliers et le sol étaient couverts d'orichalque.

« Un système d'aqueduc partant de sources naturelles d'eau chaude et froide assurait l'alimentation des bains et l'irrigation de leurs superbes plantations et jardins.

« Les quais étaient remplis de produits maritimes et navals de tout type jamais vu par l'homme à cette époque. Toute la ville four-millait d'habitants. Le canal principal et le plus grand port étaient bondés de navires marchands qui revenaient, ou qui se préparaient à partir vers toutes les régions du monde. Le vacarme et le tumulte de ce commerce régnaient toute la journée, et se prolongeaient à travers la nuit. Voilà un aperçu général de leur fabuleuse ville.

« Concentrons-nous maintenant sur le reste du pays ; il s'agis-sait d'une région très montagneuse bordée de côtes extrêmement escarpées, et la plaine autour de la ville était elle-même entourée d'une chaine de montagnes qui ne s'ouvrait qu'aux portes de la mer. La plaine était plane et oblongue, et s'étirait du nord au sud. On racontait que les montagnes étaient les plus remarquables du monde par leur nombre, leur taille et leur beauté. Le pays entier était une succession incessante de villages riches et prospères, dû à l'abondance de rivières et de lacs, de prairies et de pâturages pour toutes sortes de bétails, et d'une grande quantité de bois. Ils avaient entouré cette plaine d'un immense canal ou cours d'eau de 31 mètres de profondeur et 185 mètres de large, et d'une longueur de 2012 kilomètres. L'eau des montagnes pouvait ainsi circuler à travers toute la plaine, et alors qu'une partie se déversait dans la mer, le reste était réservé à l'irrigation. Ils pouvaient, en cultivant deux récoltes par an, doubler leur capacité de production.

« Le régime politique des Atlantes était une autocratie dirigée par les Rois, et la prêtrise formait le conseil de consultation concernant les affaires de l'État, jusqu'à ce que le pouvoir soit finalement confié à la prêtrise.

« Pendant des générations, les souverains, les Rois et les prêtres suivirent leurs traditions ancestrales. Car ils avaient des idées justes et tout à fait nobles, et faisaient preuve de clémence et de sagesse pratique en ce qui concernait les vicissitudes de la vie de tous les jours et leurs relations mutuelles. Seule la vertu comptait à leurs yeux. Les choses matérielles n'avaient pour eux que peu d'importance, et ils portaient volontiers le poids de leurs richesses comme un fardeau. Ils n'étaient pas non plus enivrés par le luxe, mais réalisaient avec lucidité que la valeur des richesses et des biens matériels est accrue par l'amitié réciproque et la vertu ; tandis que la poursuite fébrile des richesses corrompt les biens et ruine les amitiés. Ils avaient ainsi atteint l'apogée de cette prospérité.

« Mais lorsque, finalement, leurs natures mortelles cherchèrent à dominer et rejeter le Divin qui se trouvait en eux et autour d'eux, ils finirent par adopter un comportement aberrant et à dégénérer ; ruinant ainsi les plus beaux de leurs biens les plus précieux, jusqu'à les détruire complètement.

«Il s'agit là», déclara mon ami, «d'une description aussi authentique que celle de n'importe quelle nation dont nous connaissons l'histoire, car elle a été transmise de père en fils dans l'ancienne écriture atlante, qui a été mise au point environ 25 000 ans avant le début de l'ère chrétienne.»

À ce moment-là, une tâche quelconque réclama mon attention immédiate, et alors qu'il se levait pour retourner dans sa cabine, il me regarda dans les yeux et m'annonça: «Si je ne me trompe guère, ta soif d'information sur ce récit sera très bientôt assouvie.»

# CHAPITRE IV

Notre conversation suivante n'eut lieu qu'un ou deux jours après, car il avait l'air très occupé dans sa cabine par ce qui semblait être une carte ancienne et divers diagrammes de calculs kabbalistiques, que je reconnaissais parfaitement, car je m'intéressais à des recherches dans ce domaine, et pouvais, dans une certaine mesure, vérifier certaines des règles de déduction kabbalistiques les plus simples. Mais, comme je pus le constater, les opérations sur lesquelles il se penchait étaient extrêmement complexes et profondes, et concernaient certains des plus grands secrets de la création planétaire.

Je remarquai aussi que même si les problèmes paraissaient très abstraits et compliqués, il ne semblait absolument pas perdu ou déconcerté. La raison de sa concentration était en fait la longueur du procédé.

Il sembla enfin aboutir à des résultats satisfaisants, et rangea toutes ses notes et données. Il monta à nouveau sur le pont. Bien que, depuis quelques jours, il eût laissé de côté la suite de notre conversation au sujet de l'Atlantide, il arborait pourtant une expression exaltée qui ajoutait plus de charme encore à la dignité si paisible de son visage parfait.

Alors qu'il était ainsi absorbé par ses occupations, il me vint à l'esprit que je possédais dans mes affaires un curieux ouvrage, que j'avais déniché dans une boutique d'occasion à Boston dans l'intention de l'étudier à mes heures perdues. Maintenant que ma curiosité était réveillée, je le ressortis et y lus de nombreux arguments discursifs, dont les paragraphes pertinents suivants :

« Le quatrième continent, que tout le monde s'accorde à appeler l'Atlantide, a été formé par la coalescence de nombreuses iles et péninsules soulevées au-dessus du niveau de la mer au cours de l'évolution, et qui finirent par devenir la demeure de la grande race des Atlantes. Ce peuple s'est développé à partir d'un noyau de la population des Lémuriens du nord, qui était centré en grande partie vers une pointe de terre située au milieu de l'océan Atlantique actuel.

« Il faut garder à l'esprit que les témoignages qui nous viennent des anciens écrivains grecs concernant l'Atlantide fourmillent de contradictions, certains la désignant comme un vaste continent, et d'autres comme la dernière petite ile de Poséidonis. Platon, par exemple, a résumé toute l'histoire du continent de l'Atlantide, qui s'étend sur plusieurs millions d'années, en un seul évènement qu'il a situé sur l'ile de Poséidonis (de taille similaire à l'Irlande) ; alors que les prêtres ont toujours décrit l'Atlantide comme un continent aussi large que l'Europe et l'Asie réunies. Homère parle des Atlantes et de leur ile. Les Atlantes et les Atlantides de la mythologie s'inspirent des Atlantes et des Atlantides du passé. À l'évidence, l'histoire d'Atlas nous en donne un indice. Atlas est la personnification des deux continents de Lémurie et d'Atlantide en un seul symbole. Les poètes attribuent à Atlas, ainsi qu'à Protée, une sagesse supérieure et un savoir universel, et surtout *une parfaite maitrise des profondeurs de l'océan* ; car les deux continents, d'où sont originaires des races instruites par des maitres divins, ont tous deux sombré au fond des océans où ils sommeillent désormais jusqu'au jour fixé où ils émergeront de l'eau. Et tout comme la Lémurie, détruite par des feux sous-marins, et l'Atlantide, submergée par les vagues, périrent au fond des océans, on raconte qu'Atlas a été contraint de quitter la surface de la Terre et de rejoindre son père Japet dans les profondeurs du Tartare.

«Atlas peut également personnifier un continent de l'ouest, censé supporter à la fois les cieux et la terre; autrement dit, les pieds du géant qui foulent la terre et ses épaules qui soutiennent le ciel font allusion aux sommets gigantesques des anciens continents, le mont Atlas et le pic Ténériffe. Ces vestiges amoindris des deux continents étaient trois fois plus imposants à l'époque de la Lémurie et deux fois plus élevés pendant celle de l'Atlantide. Le mont Atlas était le sommet inaccessible d'une île au temps de la Lémurie, quand le continent africain n'avait pas encore émergé.

«La Lémurie ne devrait plus être confondue avec l'Atlantide, à l'instar de l'Europe et de l'Amérique. Les deux continents ont coulé et ont emporté avec eux leurs civilisations avancées et leurs «dieux», mais environ 700 000 ans séparent les deux désastres.

«Pourquoi vos géologues ne devraient-ils pas considérer que sous les continents déjà explorés et percés à jour, dans les entrailles desquels ils ont découvert l'époque de l'Éocène, pourraient se cacher, dans les profondeurs insondables des fonds marins, des continents bien plus anciens, dont les strates n'ont jamais été étudiées, et qui pourraient un jour ébranler leurs théories actuelles?»

Sidéré par cette singulière corroboration de la précédente lecture de mon ami, j'estimai qu'à la première occasion je lui poserai des questions supplémentaires à ce sujet, sans imaginer qu'une opportunité unique était imminente.

Durant tout ce temps, nous nous dirigions à bonne allure vers le sud. Notre passager attirait à la fois les officiers et les hommes d'équipage, et tous étaient prêts à lui prodiguer toutes ces petites attentions qui permettent à un étranger de se sentir comme chez lui. Je précise ce détail afin de clarifier certaines situations qui auront lieu peu après.

Les vents étaient rapides et favorables, mais alors que nous nous approchions de la mer des Caraïbes, ils devinrent irréguliers, et après avoir traversé une partie de ces Indes occidentales, ce fut le calme plat. Notre navire dérivait légèrement vers le sud, mais sans réelle progression. Le troisième jour, la pleine lune s'était levée à midi et nous avions une latitude de 30° nord et une longitude de 42° ouest environ, lorsque mon ami me proposa de me rendre avec lui sur une île d'apparence curieuse, située à un peu plus de 3 kilomètres vers l'ouest. Suite à mon assentiment enthousiaste, le capitaine nous confia son canot, et bien qu'il nous proposât également l'aide de quelques membres de l'équipage, notre ami déclina en assurant qu'il s'était accoutumé à l'océan.

Nous partîmes à bord de ce canot, moi équipé d'une paire de rames et lui aux commandes. Après avoir donné quelques coups de rames, je sentis immédiatement que je n'étais pas responsable de l'impulsion rapide du bateau. Je jetai un coup d'œil à mon compagnon. Son visage arborait une expression étrange, que j'avais déjà observée en d'autres circonstances.

Très peu de temps nous suffit à atteindre l'île, qui, de plus près, semblait être le sommet d'un immense obélisque ou pilier, légèrement élevé au-dessus de l'eau. Les côtés, même s'ils n'étaient pas très hauts, étaient abrupts et escarpés. Ils s'enfonçaient sous la surface des eaux calmes, aussi loin que portait le regard. Jusqu'où descendaient-ils ? Je n'avais aucun moyen de le savoir. Nous ramâmes lentement autour de l'île. Elle faisait environ 45 mètres de circonférence. Sur le côté le plus éloigné du vaisseau, les intempéries avaient irrégulièrement érodé la surface du rocher. Les saillies apparentes nous permirent d'y attacher le canot, et de monter jusqu'au sommet. Cela n'aurait pas été possible s'il y avait eu la moindre houle, mais c'était tâche facile dans cette eau calme et tranquille. Après avoir fermement noué l'amarre du bateau à une solide protubérance, nous grimpâmes de notre mieux jusqu'au sommet.

À ma grande surprise, au lieu d'être plat, solide et rudoyé par les intempéries comme je m'y attendais, le sol était creusé en forme de bol au centre de l'île, et se remplissait de toute évidence d'eau au cours des tempêtes, tout en se desséchant sous le soleil ardent. Le fond était actuellement sec. En examinant minutieusement les côtés, je remarquai qu'il s'agissait non pas d'une masse rocheuse naturelle, mais d'une structure réalisée en maçonnerie par des mains habiles, si parfaitement et solidement bâtie qu'elle avait défié, jusqu'à présent, la violence des plus érosives des forces de la nature. Le sol était pavé de dalles régulières. Presque sous le choc de cette découverte, je me tournai vers mon compagnon, mais mon exclamation de surprise s'arrêta net face à ses faits et gestes. Se tenant droit, tout à fait au centre et face au nord, en se guidant à l'aide d'un petit compas et d'un petit carré de parchemin sur lequel était rédigés divers caractères, il se tourna de 15 degrés vers l'est et avança d'un pas. Puis, se tournant de 15 degrés supplémentaires, il fit un autre pas. Il répéta cette opération jusqu'à faire face au plein est. Se tenant droit à cet endroit, sa silhouette sembla se dilater, et le profil de son visage devint fixe et figé. Soudainement, je m'aperçus qu'un grand disque de pierre avait pivoté à ses pieds, dévoilant une volée de marches qui menait à une pièce en contrebas. Il revint à lui et me fit signe de le suivre, et nous descendîmes lentement les escaliers jusqu'à atteindre une antichambre qui donnait sur une pièce plus grande. Lorsque nos pieds se posèrent sur le sol, une lumière sans origine particulière illumina la pièce. Le passage du temps avait profané tout ce qui s'y trouvait. Mais puisqu'elle avait été hermétiquement fermée par les vagues, la poussière qui aurait dû être présente ne s'était pas accumulée dans l'air. Au centre de la pièce se trouvaient cinq sièges de pierre, et sur chacun d'entre eux se dressait un petit amas de poussières. Mon compagnon, toujours silencieux, s'avança vers l'est et, face aux sièges, esquissa un des signes du Pouvoir. Alors qu'il s'exécutait, je crus entendre comme des sanglots de joie étouffés, mais ils n'étaient pas assez distincts pour que j'en sois sûr. Il se dirigea ensuite vers le côté opposé du mur, qui était divisé en une série de curieux entablements, et actionna un mécanisme qui, bien préservé à travers les âges, obéit à la volonté de cet homme exceptionnel. Une porte coulissa et nous ouvrit le passage vers une salle en contrebas. Il y avait là sept sièges. Sur chacun d'entre eux se dressaient ces étranges petits amas de poussières. Mon ami réitéra le signe qu'il avait effectué dans la pièce du dessus, et un son semblable aux vibrations d'une harpe éolienne s'éleva alors et remplit la pièce, jusqu'à faire trembler les murs de la tour dans laquelle nous nous trouvions. Il se tourna vers le côté est du mur et récupéra une petite boite en pierre d'une niche. Il la tint avec précaution et revint sur ses pas en direction de l'extérieur, suivi de très près par moi-même. Il ferma derrière lui chaque issue avec très grand soin, scellant ainsi de nouveau toutes les connaissances et tous les mystères dissimulés ici à l'attention des découvertes futures. Une fois que le disque au sommet de la tour fut de retour à sa place, un rouleau de couleur lui fut remis par des petites mains invisibles. Il traça ensuite sur les bords hermétiquement fermés un caractère qui s'embrasa en une flamme argentée lorsqu'il apparut sur la roche, et qui laissa une trace rouge sang derrière lui. Puis nous nous dirigeâmes vers l'endroit où nous attendait notre bateau, nous nous assîmes sans difficulté et partîmes, lui aux commandes, comme à l'aller.

Aussi étrange que cela puisse paraitre, sans instructions ni avertissement préalables de sa part, aucun mot n'avait été échangé entre nous depuis notre arrivée jusqu'à notre départ de cette petite ile. En ce qui me concernait, ce silence était involontaire. J'avais l'impression d'être emporté dans un tourbillon de souvenirs oubliés qui m'assaillaient de toute part. J'étais bien trop concentré en mon for intérieur à essayer de réajuster le passé, le présent et les promesses du futur pour avoir le luxe de me plonger dans une conversation. Je ne pouvais lutter contre l'impression que ces chambres de pierre faisaient, d'une curieuse façon, partie de moi. Je savais que je connaissais autrefois parfaitement la raison de leur construction, leur utilité ainsi que l'existence d'une sorte de problème final, aux répercussions effroyables et sinistres. J'en savais bien plus. Les cinq sièges de la salle supérieure et les sept sièges de la salle inférieure étaient, dans ma vision intérieure, occupés par des personnes d'apparence floue, mais si distincte que je pouvais reconnaitre leurs silhouettes, comme l'on se souvient des traits d'un ami perdu depuis longtemps. Puis leurs noms avaient surgi, comme si l'on ne s'était séparés que la veille. Oh, Mémoire éternelle! Était-ce hier encore, ou bien il y a plusieurs centaines d'années que je contemplais les visages et silhouettes de mes camarades tendres et sincères? Le sentiment de la réalité actuelle, d'un lien plus fort que l'amitié me submergeait. Lorsque mon ami fit le signe que j'ai décrit précédemment, je m'étais senti libéré d'un poids accablant, comme si une expiation venait de s'achever, comme si une erreur venait d'être rectifiée, une erreur qui, toute ma vie jusqu'à cet instant, avait entravé et limité ma capacité d'évolution et toutes ses énergies. C'était tout cela, et bien d'autres choses encore que les mots ne parviendraient pas à retranscrire qui m'avaient réduit au silence, tandis que mon ami accomplissait ce pour quoi il était venu, faisant de moi son complice involontaire.

Assis à la poupe du bateau, face à moi, le coffret en pierre sur ses genoux, il me regarda avec un sourire grave et dit :

« Mon frère : je vois que ma confiance en toi n'était pas fondée sur de simples hypothèses, mais sur la connaissance. Tu as bien appris la leçon et passé le test final du silence. Tu as ainsi également prouvé ta place au sein de la grande Fraternité, dont la charte originale fut rédigée par les Rois atlantes. Je te salue, Ancien Sage. »

En prononçant ces paroles, son visage s'était illuminé, comme s'il était animé d'un feu intérieur. L'effet que me fit cette exaltation bienveillante était indescriptible. C'était comme si un pouvoir presque infini se révélait soudainement, sans qu'une once d'arrogance l'accompagne. Je ne pus que répondre :

« J'ai le sentiment que nous étions frères, mais c'est un grand honneur que tu me considères comme tel. ».

« Avant d'atteindre le navire, » reprit mon camarade, « je dois t'annoncer que ton retour dans la tour du grand Temple de l'Atlantide – dans laquelle avaient été réunis, lors du dernier et terrible cataclysme responsable de la disparition du continent sous les eaux, tous les membres vivants de la plus puissante des Fraternités qui n'ait jamais existé – a été orchestré dans un but précis.

«Tu as pénétré dans les salles des trois, des cinq et des sept. Le continent entier remonte lentement. Le sommet de la tour, qui avait une base de 30 mètres de diamètre et mesurait 64 mètres de hauteur, a refait surface. Le dôme transparent, qui recouvrait la salle des trois, a été détruit par les vagues. Nous ne savons pas si la maçonnerie des étages supérieurs résistera à l'érosion des violentes tempêtes tropicales pendant leur lente remontée à la surface.

«La Fraternité a jugé préférable de récupérer ceci,» dit-il en touchant le petit coffret, «avant de prendre le risque qu'il ne se fasse submerger et disparaisse pour toujours dans l'estomac sans fond de l'océan. Il renferme le récit continu le plus complet des dernières années de notre pays jadis glorieux, auquel on peut aujourd'hui accéder.

«Les salles dans lesquelles nous sommes entrés avaient été construites de façon à être parfaitement hermétiques et étanches, et c'est pour cela que ce qui s'y trouvait a été préservé jusqu'à maintenant. Sous la dernière salle dans laquelle nous nous sommes rendus se trouvaient celle des quinze, puis encore plus bas, la salle des quarante-cinq. Je ne les ai pas ouvertes, car l'on m'avait prévenu que je risquerais alors de permettre à l'eau faisant pression par en-dessous de ravager tous les vestiges de cette ancienne demeure de la Fraternité, qui pourrait devenir la preuve de notre existence aux yeux des générations futures.

«De lourdes obligations reposaient sur les épaules des trois, des cinq et des sept. Ils ne pouvaient se libérer entièrement de leur responsabilité à moins que les limites ne soient détruites, comme dans la première salle, ou bien qu'un individu investi de pouvoirs ne pénètre dans leur dernière demeure pour leur donner le signal de la libération, comme je l'ai fait. Sous les sept, l'absence de ces conditions permit l'absolution des membres des autres salles, et ils furent délivrés peu après le cataclysme.

« Moi et le reste de l'ancienne Fraternité te connaissons très bien, et tu as été choisi, comme autrefois, pour être le porte-parole de notre Ordre bienaimé lors de sa nouvelle rencontre avec l'humanité, et nous sommes certains que les erreurs des érudits du passé ne seront pas reproduites cette fois-ci. Mais nous nous approchons du navire. L'objectif principal de notre voyage, la récupération de ces récits qu'aucun être mort ou vivant ne pouvait obtenir sans ta présence en chair et en os, a été accompli. Le voyage a été planifié et entrepris à cette fin, et se conclura comme prévu. Notre vaisseau se trouve actuellement au-dessus de l'entrée du grand port, à l'embouchure des eaux qui s'écoulaient de l'Atlantide, et d'où l'on pouvait apercevoir, avant la chute du continent, un magnifique panorama du plus bel endroit sur lequel le soleil se lève.

« Nous ne pouvions accomplir notre objectif qu'à l'approche de la pleine lune, le calme a donc duré jusqu'à maintenant. Mais ce soir, lorsque le soleil se couchera, une brise soufflera, et dès demain notre voyage pourra reprendre et arriver rapidement à son terme. »

Il ne me vint pas à l'esprit, durant tout ce discours, de remettre en question ni ses affirmations ni l'idée implicite, mais incontestable d'être un des complices volontaires de ce plan qu'il avait rapidement résumé. Il semblait évident que l'unique objectif de mon voyage était l'accomplissement de ce que je venais d'entendre pour la première fois avec mes oreilles de mortel. Non, plus encore, je ressentais un certain enthousiasme, une douce joie à l'idée de pouvoir contribuer à cette tâche, de faire partie intégrante de l'ensemble, quelle que soit ma mission. Je sais qu'il s'agit là d'une réaction très improbable de ma part, compte tenu de ce que nous pouvons déduire de la nature humaine. Mais puisque cette affaire se base sur des faits insolites, nous ne pouvons nous fier ni à des précédents ni au fonctionnement des lois connues ; et nous devons faire appel aux lois inexpliquées de la nature pour comprendre ce phénomène.

Mais nous étions maintenant à proximité du navire, et les hommes se préparaient à remonter le canot à bord. Une fois sur le pont, mon ami leur présenta son coffret comme un curieux souvenir de ce tas de pierres où nous nous étions rendus. Après y avoir jeté un coup d'œil, ils conclurent tous : « C'est un sacré morceau de roche, même s'il a l'air un peu érodé par l'eau. » Et ainsi, un savoir d'une valeur inestimable passa hors de leur portée, pour toujours ; ou du moins, jusqu'à ce que l'éternelle fournaise du fondeur les ait mieux préparés à percevoir ces trésors qui pourraient leur être accessibles à tout moment.

# CHAPITRE V

Alors que le soleil se couchait à l'ouest, un vent du nord-est commença à s'engouffrer dans nos « voiles claquant au ralenti », et le beau vaisseau reprit gaiment sa route sur les eaux.

La pleine lune des tropiques se leva au-dessus du grand désert d'eau, et mon ami et moi nous assîmes sur la plage arrière du navire, discutant de divers sujets. Soudainement, comme si quelqu'un venait de lui rappeler quelque chose, il dit : « Oui, bien sûr ; tout de suite. »

Quelques instants plus tard, le coffret en pierre, que j'avais vu dans sa cabine juste avant le coucher du soleil, fut placé entre ses mains aussi vite que si quelqu'un était allé le récupérer en passant par l'escalier des cabines. À ce moment-là, nous étions isolés sur le pont, aussi personne ne fit de commentaire.

Dans mon état d'esprit particulier, cela aussi me paraissait parfaitement normal, tout comme ce qui suivit.

Tout en manipulant le coffret entre ses mains, il me montra divers caractères et symboles profondément gravés dans la pierre. Il attira mon attention sur une forme du globe ailé, et me dit : « Voici le sceau de notre ancien Frère, le plus érudit. Il conserve le contenu du coffret à l'attention de celui qui connait le mot de passe. Voyons si nous pouvons l'ouvrir.

« Pose la paume ouverte de ta main gauche sur la mienne, les doigts tendus, et prononce, si tu les entends, les paroles qui sortent du silence. Si tu es celui que j'attendais, parfait. Sinon, il nous faudra seulement patienter davantage. »

Il tendit sa main gauche, paume vers le haut. J'y plaçai ma propre main gauche, paume contre paume. Ce faisant, un léger frisson me traversa le corps telle une décharge électrique, mais en plus intense. Ses yeux brillants d'un éclat perçant se fixèrent aux miens. Je sentis alors une autre main posée sur le dos de la mienne, et, près de moi, une forme apparut de nulle part ; et au même moment je pus apercevoir, dans toute son envergure royale, une silhouette des plus majestueuses se tenant à nos côtés. Je pus sentir, aussi distinctement que l'on sent les rayons du soleil, l'éclat d'une autre paire d'yeux semblables à ceux de mon ami physique qui brillaient dans l'ombre.

Au même moment, un chant musical grave résonna à mes oreilles. Je semblai alors flotter dans les airs, au-dessus d'une vaste ville qui s'étendait, dans toute sa beauté et splendeur, sur de nombreuses lieues. Nous étions tous les trois toujours dans la même position relative. J'avais perdu toute conscience des différences d'états entre nous trois, identiques en tous points à mes yeux. À cet instant, une syllabe, à l'intonation indescriptible, se détacha des lèvres de mon ami et subjugua mon attention. Inconsciemment, je prononçai une syllabe avec une intonation identique, puis, tel le tintement doux et limpide d'une cloche d'argent, la troisième syllabe retentit de la bouche de notre frère sans corps, formant un mot dont tous les mystiques reconnaissent les pouvoirs prodigieux.

Tandis que la dernière note résonnait dans les airs, le coffret me revint à l'esprit. Je le vis s'ouvrir lentement, jusqu'à ce que le couvercle fût complètement retourné, et il révéla un grand rouleau du plus fin des papyrus sur lequel était clairement écrit des caractères simples mais minuscules datant, nous le supposions, d'une période de transition de la civilisation égyptienne.

Mon ami retira révérencieusement le parchemin du coffret. Ce faisant, une fragrance inimitable et qui troublait les sens embauma l'air. Tenant ce précieux récit du passé dans ses mains, il dit :

« Depuis plus de 29 000 ans, mon frère, ce papyrus est resté dans l'ombre. Lorsqu'il fut enfermé dans ce coffret et scellé pour la dernière fois, nous attendions tous trois avec impatience, encore dans nos corps physiques, l'accomplissement de bien des choses qui étaient au-delà du simple pouvoir limité des mortels. Je suis très heureux de te saluer, mon compagnon et frère. Je ne m'étais pas trompé à ton sujet, car seul le pouvoir des trois peut dévoiler le contenu du coffret. Une fois que je t'aurai lu ce qu'il contient, il te reviendra de le garder en sécurité. Nous commencerons notre travail demain, et nous y consacrerons six des premières heures du jour. »

# CHAPITRE VI

Ainsi donc, nous commençâmes notre travail de translation et de réécriture le lendemain matin. Il traduisait et j'écrivais ce qu'il me disait en sténographie. Au début, le processus était plutôt lent, dû au fait que ma technique d'écriture était quelque peu rouillée, mais au fur et à mesure que ma compétence me revenait notre vitesse accélérait.

Le manuscrit était un récit complet de tout ce qui concernait ce merveilleux pays, dont les dirigeants téméraires, comme bien d'autres cherchant à manifester des pouvoirs extraordinaires, firent face à des limites insurmontables, entrainèrent avec eux leur pays et condamnèrent tous ses habitants à subir des catastrophes irrémédiables, parce qu'ils n'avaient pas l'omnipotence nécessaire pour mener leurs projets à bien. Mais je ne m'avancerais pas plus loin et vais laisser à mes lecteurs le soin de lire le récit de l'Atlantide et l'histoire des raisons secrètes qui menèrent à la chute finale, puisque je les ai copiés des notes de ce voyage inoubliable. Le manuscrit commence par une invocation de son scribe, comme suit:

«Moi, Tlana, scribe des puissants Trois, qui a reçu la responsabilité de cette tâche, vais raconter dans le présent document le récit de mon pays bienaimé. Ce témoignage contribuera à l'enseignement et à l'illumination de mon peuple dans les lointains siècles à venir, lorsque ses habitants ne pourront plus se contenter de pain, afin de raviver leurs souvenirs. À cette fin, je requiers l'aide et les conseils nécessaires de la Fraternité de l'Invisible et du Visible – qui tombera bientôt dans l'Invisible; des dieux de la Sagesse et du Pouvoir, et du Tout-Puissant Suprême, afin de pouvoir rapporter les détails les plus importants et les plus instructifs concernant les activités et les conditions de notre nation, depuis ses origines jusqu'à aujourd'hui. (Environ 29 000 ans av. J.-C.)

« Notre Continent correspond au profil général des autres continents apparaissant aujourd'hui à la surface de la Terre. Il fait environ 1 609 km de large au point le plus large, et 4 828 km de long pour sa dimension la plus longue. Sa surface est principalement plate et composée de vastes plaines fertiles. Mais à l'ouest, au nord et à l'est le pays devient montagneux. Depuis ces montagnes, une rivière et ses affluents font office de bassin versant et drainent presque toute la longueur du Continent. Cette eau, détournée par un canal artificiel et ses écluses, forme le grand port de la ville d'Atlantis, qui s'étend depuis ce canal, au nord-est de la partie centrale du continent, jusqu'aux contreforts de la partie surélevée du pays. Parmi ces montagnes a été construit le grand Temple dédié à OM., qui est l'Un, le Tout.

« Nos témoignages du passé ne remontent pas jusqu'à l'origine de l'occupation de cette terre par l'homme, et seul le pouvoir de perception de nos sages nous a permis d'avoir une idée de ce commencement. Disons simplement que lorsque les hommes de la Cinquième Race eurent besoin d'un foyer, ils le trouvèrent ici. Leur évolution a été l'un des développements les plus importants. Nous pourrions ainsi qualifier les conditions d'aujourd'hui comme le résultat des forces mentales de la plus puissante des nations du monde connu.

« La fertilité de notre sol n'a d'égal nulle part sur Terre. Les différences d'altitude au-dessus du niveau de la mer permettent une grande variété de climats, et tout ce qui pousse dans les autres régions du monde s'épanouit également ici, dans la plus grande des luxuriances et des perfections. Nous n'avons nul besoin d'importer des produits cultivés dans les autres nations.

« La quantité et l'abondance de nos réserves de minéraux, qui nous proviennent des entrailles de la Terre, sont incomparables. Nous avons tous les métaux que l'on peut trouver sur la surface de la Terre. Nous en détenons également un qui n'a été découvert dans aucun autre pays. Il possède la ductilité et la couleur du cuivre ainsi que la solidité du fer. Nous l'avons nommé l'Orichalque.

« La faune du Continent est constituée de toutes les espèces d'animaux existantes, qui furent transportées d'ici vers toutes les régions du monde, afin d'y trouver un nouvel habitat et de servir les fils des hommes, que ce soit pour le travail ou le plaisir. C'est d'ici que tout a été distribué. Tout le savoir et la sagesse acquis par l'expérience ont été librement transmis à ceux qui en avaient besoin. En somme, tout ce que possède l'humanité, quelles qu'en soient les quantités, nous le possédons aussi à profusion, bien plus que nécessaire. Aucun État, nation ou potentat n'a jamais accumulé autant de richesses, à savoir, des excédents de produits en tout genre, comme nous en avons aujourd'hui.

« Seul le mot *immense* pourrait réellement qualifier nos travaux publics. Aucune nation n'a jamais rêvé d'avoir un temple comme le nôtre, sans parler d'en construire un semblable. Les résidences privées de nos citoyens, même des plus démunis, éclipsent, par la beauté de leur architecture et la qualité de leurs matériaux, les demeures de rois de nombreuses autres nations. Ne pensez pas que je cherche là à dénigrer les autres pays ou à vanter le nôtre, je ne fais qu'énoncer la vérité aussi parfaitement et honnêtement que possible.

« Dans les montagnes se trouvent des sources d'eau chaudes et froides qui font office de réservoirs naturels. Des tuyaux de pierre conduisent l'eau de ces sources jusqu'aux bains publics et jusqu'aux résidences privées des citoyens remplissant certaines conditions pour pouvoir bénéficier de ce privilège.

« Au centre de la ville se tiennent les palais royaux, entourés et protégés par trois immenses canaux et deux bandes de terre intermédiaires. Ces canaux sont reliés à la grande Mer et au port par un autre canal de 90 mètres de large, 30 mètres de profondeur et près de 10 kilomètres de long.

« Le grand Temple se trouve dans la partie nord-est de la ville. La tour imposante se dressant à son sommet, le plus bel observatoire jamais construit, occupe le quartier nord-est du Temple. Ils sont tous deux protégés des attaques au nord, à l'est et à l'ouest par les montagnes, qui permettent à la fois de les défendre et de servir de fondations pour soutenir ces structures massives.

« En partant de ces montagnes, la ville des villes s'étend en forme circulaire vers le sud. Au-delà de la vaste zone occupée par la ville même s'en trouve une autre de plus de 194 000 km² qui est cultivée depuis des temps immémoriaux, et qui est en fait un immense jardin. Celui-ci est généreusement irrigué par la rivière et par un canal de 180 mètres de large et 30 mètres de profondeur, qui s'étend sur plus de 1 930 kilomètres à travers le pays. En plus de contribuer à l'irrigation, un système d'écluses dans le port permet à cette eau de remonter et de descendre les galères dans le grand canal, où elles peuvent à la fois recevoir et distribuer des cargaisons de produits en tout genre à des fins de commerce.

« Est-il vraiment nécessaire de mentionner que la population de cette plaine et des montagnes environnantes s'élève à plusieurs millions ? D'après nos prophètes et nos Mages, jamais un si grand nombre de personnes ne seront de nouveau réunies au même endroit et au même moment.

« Je dois également préciser que la population s'accroit due à la domination du pouvoir de vie de l'esprit, qui n'a pas encore été énormément affaibli, et grâce auquel trois ou quatre générations d'hommes foulent la terre au même moment, tous forts et vigoureux. Puisque le pays regorge des provisions nécessaires à l'entretien optimal du corps, la nature ne freine absolument pas l'augmentation de la population, mais encourage au contraire l'accroissement le plus prolifique possible dans les limites du raisonnable.

« Pendant la journée, une myriade de bruits de voix et d'activités s'élèvent au-dessus des quais et des quartiers de la ville réservés au travail, tel le grondement d'une tornade en pleine mer qui se déchainerait sur les rochers assaillis.

« Les galères atlantes ont navigué jusque chaque port de chaque nation sous les cieux. Grâce à elles, la Terre entière s'incline face à notre commerce. Nous n'avons nul besoin d'importer des produits qui nous manqueraient depuis d'autres nations. Mais elles souhaitent obtenir les fruits de nos terres ainsi que nos incomparables confections en bronze, que nos artisans maitrisaient parfaitement, en particulier les matraques, haches, couteaux et épées.

« Les barbares de l'Orient n'ont jamais eu les compétences requises pour fabriquer de tels objets eux-mêmes, et puisque les matériaux et les traitements de revenu de nos artisans sont de très bonne qualité, nous trouvons toujours des acheteurs pour tous les biens que nous proposons. Le seul produit pour lequel la demande est supérieure à l'offre est un métal jaune brillant, qui fait preuve d'une très forte résistance face aux phénomènes naturels. Il est très demandé pour décorer à la fois les bâtiments et les personnes. La quantité totale de ce métal exploité dans nos mines est donc adaptée, et nos commerçants ont découvert qu'il existait également dans d'autres régions du monde. Ils en cherchent donc partout, et lorsqu'ils en trouvent ils l'échangent contre nos produits. Lorsqu'ils en ramènent ici, ils reçoivent certains privilèges et immunités en plus de la valeur marchande de ce métal. C'est ainsi qu'il est en quelque sorte devenu une mesure de valeur, non seulement dans notre pays, mais également dans toutes les autres nations de la Terre. D'après nos Mages, cette situation particulière, accentuée par la cupidité des hommes, fera sombrer la race entière dans un désastre. Le désir qui nous pousse à accumuler ce métal deviendra irrépressible et destructeur chez les nations plus physiques dans les années à venir. Toutefois, puisque notre nation n'a commis aucune erreur intentionnelle et s'est efforcée d'agir justement, elle ne pourrait guère être considérée comme la responsable d'un tel fléau. Il est également vrai que si le mal s'abat sur cette race d'homme nous devrons y faire face dans les siècles encore à venir, lorsque nous serons de nouveau appelés à mener les vies qui nous sont allouées dans d'autres corps. Pour l'instant, les efforts acharnés déployés pour acquérir ce métal ne disposent pas d'une influence suffisante pour nuire à notre développement.

« Nous ne sommes pas une nation de cannibales, car la douceur de notre climat assure une quantité de nourriture suffisante pour que nous n'ayons pas à nous tourner vers la chair humaine. C'est parce que, dans nos efforts pour surmonter le cycle d'incarnation, nous ne sommes pas liés à la terre que nous pouvons passer autant de temps à étudier les vrais forces et faits de l'univers, ainsi que la façon de les utiliser à notre avantage.

« Au nord se dressent trois hauts sommets de montagnes, qui sont devenus des points de repère pour les marins en difficulté. Afin de faire le point sur mon récit, permettez-moi d'emmener mes futurs lecteurs sur le plus haut sommet de la grande cime d'Alyhlo, afin de leur offrir ce paradis de montagnes et de vallées, de collines et de plaines, entrecoupées d'immenses plateaux. Ce paysage est recouvert d'une végétation tropicale où l'on trouve tous les types de fruits comestibles connus de l'homme tout au long de l'année. Des ruisseaux limpides coulent du flanc de ces montagnes et arrosent une grande partie de cette vaste région.

« Et ce panorama ne s'arrête pas là, puisqu'il est parsemé de nombreux logis, hameaux et villes. Mais par-dessus tout, la capitale est un tel centre d'intérêt, un tel lieu pour échanger ses pensées, si vaste et d'une portée si considérable, que tous les autres centres du pays sont relégués au rang de faubourgs.

« Observez également les variations de verts de la végétation et le bleu du ciel, si clair et parfait, dont les vibrations sont pour l'instant épargnées des chocs de l'attaque et de la défense. Outre cela, on peut apercevoir le canal menant à la mer intérieure et au grand port rempli de ses flottes de galères occupées à faire des allers-retours constants entre ici et les différentes régions du monde. Ces galères ne se déplacent ni par la force des voiles ou des rames ni par une impulsion de forces élémentaires. Surmontant toutes ces techniques, nos Mages ont révélé le secret de l'impulsion éthérique issue de la pensée, et face à cela, ni le vent ni la marée n'ont d'effet. C'est le plus beau des pays que l'homme n'ait jamais vu. »

# CHAPITRE VII

Avant de poursuivre la lecture du manuscrit, comparons ses descriptions avec la situation actuelle, telle que nous la connaissons. L'ancien Continent devait couvrir une partie de l'archipel des Caraïbes. Si le relief était élevé au point d'avoir un pic culminant à plus de 9 600 mètres d'altitude, il devait y avoir deux immenses mers intérieures à l'endroit du golfe du Mexique actuel. Les alizés soufflaient constamment sur ces mers et sur l'ancien Continent, apportant avec elles humidité et fertilité pour la population dense. La configuration de ce pays offrait certainement une ressemblance frappante avec la partie supérieure de notre Lake Country.

La chaine de montagnes à l'ouest et au nord devait constituer l'épine dorsale du Continent, dont les sommets et les hauts plateaux forment aujourd'hui un chapelet d'iles. Sur la ligne de drainage de la mer intérieure se trouve maintenant l'Amazonie. La fertilité devait être le résultat non pas d'une température torride, mais de l'absence de vent froid, ce qui donnait lieu à un climat particulier, égal et favorisant la vie des végétaux comme des animaux. Toutes les plantes possibles poussaient, car rien n'entravait leur croissance. C'était toujours la saison des semis ; c'était toujours la saison des moissons. On pouvait voir des bourgeons, des fleurs et des fruits à tous les stades de maturité pousser en même temps sur le même arbre. Ce qui est aujourd'hui une particularité des oranges et des citrons était alors commun à tous les arbres fruitiers. À l'origine, le sol était si fertile, et la sagesse de ceux qui dirigeaient les champs était si grande, que le fait de planter des graines et de récolter la moisson dépendait davantage d'une séquence d'actions à suivre que des saisons. Après cette explication, retournons à présent au manuscrit :

« Le passage de la vie à la mort est accepté et volontiers accueilli par notre peuple ; il n'est en aucun cas craint, car durant leur existence prolongée, la monotonie de la vie physique est pleinement satisfaite, et seule la croissance de la force et de la puissance de l'esprit, dont nous connaissons parfaitement les possibilités infinies, les incite à la prolonger.

« Notre rôle de porteurs du monde a été reconnu depuis de nombreuses années. Sur toutes les mers et dans tous les ports, les galères qui approvisionnent les différents marchés du monde arborent le drapeau atlante – un globe bleu ailé sur un sol jaune. La myriade de navires rentrants dans notre vaste port, bien que chargés de produits venant des quatre coins de la Terre, nous appartiennent ainsi.

« Les marins des autres nations n'osent naviguer sur les vastes déserts d'eau qui séparent les pays les uns des autres.

« De grands entrepôts longent le bord de l'eau, séparés de la mer par d'immenses murs solidement bâtis qui s'étendent sur plusieurs kilomètres vers l'intérieur des terres. Ces murs sont suffisamment hauts pour dépasser toutes les traces d'eau laissées par les inondations venant de l'intérieur des terres ou par la marée de l'océan. Mais les inondations étaient généralement dues aux variations de quantité de drainage, car la fonte des neiges dans les montagnes ou la montée des eaux suite à des précipitations soudaines n'étaient que d'une importance secondaire.

« La capitale est reliée à toutes les régions du royaume grâce à des voies de fer, sur lesquelles circulent d'énormes chargements déplacés par une force motrice dont seuls nos Mages connaissent le secret. Mais cette force contrôlée obéit à son maitre et fait avancer et reculer, en les tirant et en les poussant, les wagons lourdement chargés sur lesquels elle agit.

« La ville toute entière est faite de pur marbre blanc, extrait des carrières dans les collines du nord, et dont les réserves sont destinées non seulement à la construction de bâtiments dans le pays, mais également à l'exportation. Son grain est si fin et son éclat si élégant que ces blocs sont sans cesse utilisés pour la reconstruction dans les villes méditerranéennes. Cette pierre ne résiste pas aux températures extrêmes du climat septentrional, mais est bien assez solide pour répondre à toutes les exigences possibles sous un ciel atlante.

« Cela paraitra peut-être évident après tout ce que j'ai déjà dit, mais la ville est aménagée en forme de disque, avec un segment en moins à l'endroit où elle s'appuie contre les contreforts des chaines de montagnes du nord.

« De larges avenues en demi-cercle commencent au niveau des montagnes et se terminent dans les montagnes. Celles-ci sont régulièrement traversées par d'autres avenues, formant les rayons du cercle, au centre duquel se trouve le palais du Roi. Les terres n'appartiennent à personne et sont au nom du Roi, le représentant de la nation. Nos Mages affirment que les hommes ne peuvent posséder que les choses qu'ils auraient obtenues à travers les fruits de leur propre travail. Tous les objets d'artisanat pouvaient ainsi être revendiqués par leurs fabricants, mais personne ne pouvait, et n'aurait pu s'approprier les quatre grands éléments – le feu, l'air, l'eau et la terre. Si quelqu'un tentait un jour de s'en emparer, il ne trouverait que désastre et déchéance.

Lorsqu'un homme construit une maison, plante un arbre ou récolte une moisson, alors la maison, l'arbre ou la récolte lui appartiendra, et son droit de jouir pleinement des fruits de son travail sera protégé.

« Toutes les terres sont divisées en parcelles, et seules leurs améliorations ont un prix. Celui qui a des vues sur la parcelle de son voisin doit, avec le consentement de celui-ci, acheter les améliorations, mais la terre en elle-même n'a pas plus de valeur que l'air qui l'entoure.

« Les maisons sont construites dans un esprit de commodité et de confort. Chaque famille à son propre domicile, et lorsqu'un jeune homme se marie à sa compagne, une portion de terre lui est attribuée, dans des conditions d'emplacement, de qualité et d'environnement égaux à toutes les autres parcelles. La surpopulation n'est pas permise, même dans les quartiers les plus denses de la ville. Les bâtiments sont construits en matériaux durables, conçus de manière à laisser entrer l'air et la lumière. Les maisons suivent toutes le même principe de base, à savoir une cour centrale ouverte entourée des différentes pièces de vie. Ce plan est ensuite modifié de différentes façons afin de correspondre aux individualités et aux besoins des propriétaires.

« L'accès à la cour est assuré par un large portail, qui tourne facilement sur ses gonds. À son centre, un bassin, équipé d'une fontaine afin d'éviter la stagnation de l'eau, permet de rafraichir l'air et de modifier les vibrations. L'eau était acheminée depuis les montagnes par un aqueduc si vieux qu'aucun Atlante d'aujourd'hui ne peut donner son âge. Mais certaines archives du Temple portent sur l'organisation de ce projet colossal et sur la manière dont il a été réalisé. Le bâtiment est édifié autour de ce bassin, généralement sur deux niveaux, soutenus par des piliers afin de ne pas gêner le libre mouvement de l'air.

« Lorsque le jeune couple décide de s'installer ensemble, la coutume veut que l'astrologue en chef du Temple leur remette un horoscope définissant de façon définitive le nombre de membres de leur future famille. Une chambre était construite pour chacun d'entre eux. Cette répartition spéciale permet d'éviter la surpopulation, et encourage au maximum le progrès et la croissance dans tous les domaines.

« Les animaux s'attroupent, l'homme a tendance à s'individualiser. Ces deux extrémités de comportement, l'acceptation ou le refus de s'attrouper indiquent à tout moment la place de l'homme en ce qui concerne sa nature spirituelle ou physique. S'il est de nature grossière, peu importe si cinquante autres mains mangent avec la sienne et plongent dans le même bol de porridge. S'il est spirituellement épanoui, il préférera s'approprier et utiliser à sa manière ce qui lui appartient. Contrairement à ce que l'on pourrait penser au premier abord, il ne s'agit pas d'égoïsme, mais du résultat de l'ouvrage entrepris par l'Ego au cours des vies sur Terre, le façonnage de l'âme à partir des différentes incarnations.

« Les pièces du rez-de-chaussée sont plus grandes et sont essentiellement des pièces communes, dans lesquelles on entretient et on perfectionne les relations familiales. La plupart du temps libre de la famille se passe autour de la fontaine dans la cour, où l'on trouve toujours d'agréables ombres qui accompagnent le ciel bleu au-dessus de leurs têtes. Les cours sont pavées d'une sorte de verre aux motifs colorés et sont couvertes de tapis et de nattes tissés à partir de fibres végétales et teints de manière fantaisiste. Ces biens sont principalement destinés à l'exportation. Outre ces décorations, on trouve côte à côte des produits conçus par la pensée de l'homme et originaires des quatre coins de la Terre, les plus somptueux et de la meilleure qualité. Aucun n'était taché du sang de la guerre, car notre commerce maritime assidu et honorable a, sans l'ombre d'un doute, fait de notre pays le plus riche qui ait jamais existé sur Terre.

« Depuis le début, nous avons commercé partout. Aucune de nos galères n'a jamais été saisie par le Dieu des mers et abandonnée au fond de l'océan, qu'elle emporte nos biens ou nous rapporte la marchandise d'autres pays. L'augmentation naturelle de nos biens, grâce à notre main-d'œuvre ou à notre commerce, sans aucune perte, aurait à elle seule dû suffire à nous enrichir sans avoir recours à d'autres moyens.

« On estime donc que les familles restent entre elles, chacune étant une communauté indépendante. Leurs maisons et leurs jardins représentent le royaume de leurs communautés autant que possible. Telle est la règle spirituelle et non physique.

« Mais je ne dois pas oublier de parler des rues et des routes de la ville même et de la région environnante. Elles sont disposées selon un plan général qui n'a jamais été modifié depuis sa mise en place. Bien qu'elles fussent en construction et en extension durant de nombreuses années, chaque centimètre a été ajouté sous la direction d'un esprit supérieur, en respectant un plan uniforme adopté il y a des milliers d'années. Tout ce qui a été construit est achevé et permanent. La substance utilisée pour le revêtement des chaussées est notre secret, dissimulé du monde entier. Nos chemins sont propres et silencieux. La composition particulière de nos routes procure facilement de l'adhérence aux véhicules circulant sur elles. Aucun autre système de transport sur Terre n'a jamais été aussi parfait que celui-ci.

« Les bâtiments publics sont toujours larges, spacieux et de styles variés, surmontés de dômes, de pinacles et de minarets, et ornés de statues aux modèles et aux confections artistiques. Ils sont faits de marbre blanc. Atlantis peut non seulement se louer d'avoir ainsi été créée, mais également d'être restée une ville blanche. Aucune émanation sombre provenant de l'air ou du climat n'obscurcit les murs blancs édifiés dans la luxuriante verdure environnante. D'après nos Mages, dans les jours à venir, une nation de la mer Méditerranée, appelée les Grecs, personnifiera dans ses œuvres d'art notre ville bien-aimée sous l'apparence d'une femme exquise émergeant des flots.

« Les plus importants de ces bâtiments sont décorés d'or à profusion, et c'est pour cette raison que ce métal est si ardemment acheté par les commerçants atlantes ; un nom poétique, "les larmes du soleil", a été adopté par notre peuple, et c'est par cette désignation que ce métal est le plus souvent appelé. Je décrirai bientôt en détail le palais du Roi et le grand Temple.

« Dans ces bâtiments publics se trouvent des salles réservées aux réunions sociales, afin de débattre des sujets publics et pour faciliter les études portant sur les choses qui n'appartiennent pas au plan physique. Décrire un de ces bâtiments donnera le plan général de tous les autres. Ils ont une forme elliptique avec une fontaine au centre. Les Atlantes apprécient énormément la présence de l'eau. Sur l'un des foyers de cette ellipse se trouvent plusieurs sièges en pierre, disposés comme dans un amphithéâtre, les uns au-dessus des autres. Sur le deuxième foyer s'élève une tribune sur laquelle se tient l'orateur lors des discours publics. Des sièges sont aussi placés autour de la fontaine, sur lesquels les auditeurs peuvent aisément s'asseoir pour converser les uns avec les autres.

« Les écoles de formation des jeunes Atlantes sont construites de façon similaire ; la partie centrale du bâtiment laissant passer la lumière du soleil et l'air. La jeunesse y apprend des choses concernant la nation, la famille et eux-mêmes. Nos pères avaient un dicton que nous essayons de respecter comme une règle de vie : " huit années passées à être un enfant et à jouer, huit années passées à être un adolescent et à s'entrainer physiquement, huit années passées à être un jeune adulte et à découvrir le monde hors de l'Atlantide, et mille années passées à étudier l'invisible et le réel." Ces proportions sont, de très près, fidèles à la réalité. »

# CHAPITRE VIII

Les Atlantes des deux sexes ont des organisations physiques presque parfaites. Ils sont quasiment tous entrainés de la même manière par le maitre de la sagesse. On pourrait se demander pourquoi ils ne se trouvent pas tous au même niveau de développement. La réponse définitive de tous les âges et de tous les temps permet de l'expliquer. Les hommes n'ont jamais exploité, et n'exploiteront jamais, leurs potentiels individuels de la même manière. La légère divergence, presque imperceptible au début, s'accentue à chaque développement, aussi infime soit-il, de chacune des vies successives. Cette différence est également renforcée par la force du pouvoir intellectuel qui parvient à une nation et qui est nécessaire à ses individus, qui chercheront à occuper les meilleurs corps et positions lorsque les égos qui reviennent sur Terre réclameront une place dans leurs vies.

« Puisque les deux sexes sont parfaitement égaux, les corps des femmes sont aussi forts et vigoureux que ceux des hommes. Mais nous savons que dans d'autres nations avec lesquelles nous sommes entrés en contact, dans différentes régions du monde, les femmes sont inférieures en taille et en force. Cette différence s'est établie parce que le peuple de ces nations s'est permis, au fil des générations et des siècles, de croire à l'infériorité des femmes et de l'affirmer. Cet état d'esprit permanent a rabaissé et éclipsé la femme, non seulement au niveau de son corps, mais a également limité ses aspirations et ses facultés mentales avec des chaines plus résistantes que l'acier. Tandis que les races barbares commettaient cette regrettable erreur à leurs dépens, la nation atlante, en revanche, est toujours restée fidèle au principe de l'égalité des sexes. C'est pour cela qu'à présent les deux sexes sont physiquement devenus des modèles que peintres et sculpteurs sont fiers et désireux de représenter. Chacun d'entre eux est un spécimen de beauté, car la perfection est beauté. L'action du climat ainsi que les principes transmis entre générations ont apporté une vigueur et une audace intellectuelle ainsi qu'une formidable maitrise de la perception des lois de la nature et d'eux-mêmes. Leurs corps, plutôt que d'être un obstacle à la croissance et au développement spirituels, représentent un véritable soutien pour les esprits qui cherchent à travers eux de l'expérience, du savoir et de la connaissance. Ceux qui pourraient correspondre à la classe ouvrière et qui effectuent les travaux nécessaires de la nation sont bien plus avancés que la classe littéraire des nations barbares en ce qui concerne la perception de la vérité et les connaissances des lois de la nature. Le jour viendra où les hommes déploreront la perte de cette connaissance oubliée, où la fatigue et la monotonie de ce fardeau viendront à les submerger de leur terrible atrocité.

« Nous avons des écoles destinées à développer les forces physiques et à guider les différentes façons de penser et tournures d'esprit. Dans ces écoles, très peu de connaissances sont apprises par cœur. La méthode d'enseignement a pour but d'entrainer les facultés mentales à décoder facilement et à tout moment les chroniques akashiques.

« Les maladies sont inexistantes. Nos modèles de pensée maternelle prénatale ne comprennent ni estropiés ni éclopés, ni aveugles, ni sourds ou muets, ni gueux qui pourraient déformer les embryons, et ainsi produire des monstruosités qui seraient à la charge du public. Tout ceci est valable pour les nations spécialisées dans le commerce ou l'agriculture, ou celles qui regroupent les bâtisseurs et décorateurs de maisons et de bâtiments publics. Mais certaines d'entre elles obéissent à une impulsion naturelle qui les pousse à étudier toujours plus l'invisible, les vérités qui appartiennent à l'UN, et ceux qui y reposent. Ces nations sont désireuses et impatientes de se consacrer, elles et leurs pouvoirs, à l'obtention et à la réalisation, ainsi qu'à l'enseignement de la jeunesse. L'unique distinction de classe que nous avons est basée sur la connaissance.

« Ces penseurs ont naturellement fini par s'attirer les uns aux autres ; ils ont conservé des notes de leurs observations, de leurs expérimentations et de leurs expériences ; ils sont plus sages dans le domaine du langage ; des mathématiques appliquées à l'invisible ; de l'alchimie, de l'astrologie, et ils sont particulièrement versés dans le domaine de la physique qui adhère aux lois de l'invisible. Au début, les bâtiments qui accueillaient ces élèves et leurs enseignants étaient construits à l'écart. Au fur et à mesure que la ville s'élargissait, chaque corps étudiant eut son propre bâtiment, désormais appelé temple. Plus tard, ils furent tous rassemblés dans un seul grand Temple, afin que le symbolisme de l'UN qui est TOUT puisse être parfait.

« Dans les enseignements de nos Mages, toutes les manifestations de tous les plans sont renvoyées à l'UN, qui est l'unique source centrale de la force et du pouvoir de tout ce qui a été acquis et de tout ce qui pourra l'être. Ainsi, l'esprit qui s'est concentré sur cette réflexion a cherché à faire du grand Temple un symbole parfait de l'UN, dans sa conception, dans ses matériaux, dans ses finitions et dans son ameublement. Le culte qui lui est dédié, dans toutes ses images et suggestions, combine tous les éléments nécessaires à la grandeur de sa manifestation et de son sujet, que les élèves étudient dans leurs esprits.

Est-ce vraiment surprenant que notre nation éprouve une profonde adoration pour le nom et les lois de l'Être omnipotent ?

« Il est également indéniable que nos Mages possèdent de merveilleux pouvoirs quant au contrôle des forces élémentaires qui se plient à leurs volontés et accomplissent leurs demandes, non pas sous la contrainte, mais parce qu'ils respectent les désirs et les ordres de ceux qui font appel à leur service, seuls ou en groupe. On sait aussi que ce pouvoir ne sera jamais détenu que par des personnes d'origine atlante, indépendamment des conditions changeantes de la Terre.

« Il est également vrai qu'une proportion nettement supérieure de notre population a atteint la lumière et la connaissance supérieures, comparée à celle de n'importe quelle autre nation de la Terre, que ce soit dans le passé ou aujourd'hui. Cela est sans aucun doute dû au fait qu'en s'incarnant, nos égos, qui bénéficient du droit de choisir, sont encore et toujours retournés auprès de leur propre peuple, car il s'agit pour eux du lieu le plus privilégié pour réaliser des progrès de leurs vivants.

« Lorsque ces égos supérieurs trouvent leurs corps, nous pouvons alors assister à la naissance d'enfants déjà vieux, car la brillante intelligence de leurs vies antérieures pèse lourd sur eux, et leurs nouveaux corps ne font pas toujours office de défenses ou de boucliers face à cet éclat impérieux. Ce n'est pas le cas de chaque enfant, mais il s'agit là d'un développement ordinaire et approfondi. »

# CHAPITRE IX

« Nous n'avons qu'une seule loi fondamentale que l'on appelle la "règle d'or", et qui consiste à faire passer le pays et la ville avant toute autre chose. Il s'agit de privilégier les autres avant soi-même. Chez nous, aucune conséquence néfaste ne découle d'actes égoïstes, car un tel comportement résulte principalement de la peur de l'indigence, pour nous ou pour d'autres, à un moment quelconque de la vie sur Terre. Même les moins avancés de notre nation saisissent, grâce à nos enseignements, la vraie signification de Fraternité ; qu'aucun homme, aucune femme, aucun enfant ne peut, en vertu de cette loi, être privé des nécessités de la vie physique. Celui qui possède plus que nécessaire est tenu de toujours venir en aide à celui qui est provisoirement dans le besoin. Mais cela ne diminue pas l'importance du travail, adapté aux compétences de chaque individu dans le domaine qui lui correspond le mieux.

« Lors de la construction de nos maisons, toutes les étapes – l'extraction des pierres, le transport et la pose – sont réalisées grâce au pouvoir élémentaire, sous la direction d'un maitre qui est responsable d'une partie des travailleurs. Il est chargé de les former et de s'assurer, grâce aux pouvoirs qui lui sont confiés, qu'ils soient dument équipés à partir de la réserve astrale. Notre forme de gouvernement a déjà été reprise par une puissante nation du nord de l'Asie, mais dû à sa situation sur le plan physique, il est fort probable qu'elle n'en conservera que la forme sans saisir le pouvoir spirituel qui en est le principe fondamental.

« La nation toute entière est reliée par les maitres des familles, qui sont divisés en groupes et en classes sous la direction et l'instruction des personnes les plus qualifiées pour assurer leur enseignement. Ces professeurs sont sous l'autorité des maitres, ou des Mages, du Temple. Ces Mages du Temple sont sous l'égide des Plus Anciens, les Sept, les Cinq et les Trois. C'est ainsi qu'entre les mains des Trois, qui possèdent les plus puissants des esprits humains, reposent les destins, la prospérité et le bonheur de toute la nation. De plus, en tant que responsables et arbitres, la responsabilité des conditions karmiques leur incombe, puisque les Trois furent engendrés par les courants de forces qui émanent d'eux-mêmes, et qui regagneront leur cycle en emportant tout ce qui s'est imprimé sur eux ou mêlé à eux au cours de leur passage parmi ceux à qui ils étaient destinés.

« Il doit être évident, à quiconque lit ce manuscrit, que les Atlantes accordent la plus grande importance au pouvoir de l'Invisible et à ses applications à la vie de l'homme sur Terre. Les pouvoirs temporels n'existent pas, sauf pour symboliser le Manifesté. Tout ce qui se rapporte à une organisation quelconque découle de – et est mené à bien par – la Prêtrise du grand Temple, qui représente le pouvoir principal dominant l'esprit à son paroxysme. Ils sont chargés en particulier d'étudier et d'accroitre les connaissances occultes.

« Chaque foyer est indépendant. Les Atlantes sont monogames – un mari et une femme. L'expérience a prouvé que cette forme de ménage favorisait au mieux le développement d'une race forte et spirituelle. Nous avons constaté que les races polygames finissaient toujours par connaitre une diminution de pouvoir, de force et de détermination.

« En Atlantide, être malade ou estropié, ou être le chef d'une famille qui abriterait une telle personne est considéré comme un crime contre son peuple. Ainsi, tous les objectifs, tous les désirs et tous les intérêts se rapportent aux conditions physiques, à travers les forces occultes et spirituelles, non seulement pour unifier la nation, mais pour la rendre la plus prospère possible.

« Ceux qui sont particulièrement dotés de qualités psychiques ou qui ont acquis une bonne connaissance de l'instrument qui leur a été confié sont formés pour être des Maîtres ou des Guides. Ces individus peuvent ou non avoir une famille, mais dans tous les cas un certain nombre de personnes ou de familles leur demandent des conseils et de l'aide.

« Depuis des milliers d'années, les Mages du Temple, qui consacrent tout leur temps à étudier l'Invisible et qui ont mis leurs corps de côté de leur plein gré, ont véritablement placé le bienêtre et les conditions de vie du peuple avant toute autre chose. La nation est heureuse. La pauvreté n'existe pas. Les classes inférieures n'existent pas. Tout travail nécessaire est honorable. Génération après génération, nous devenons plus forts et de plus en plus semblables à des Dieux descendus sur Terre. Nous entretenons une communication parfaite avec le monde extérieur et avec chacun d'entre nous. Nous savons qu'Atlantis est la plus belle ville sur Terre, et cela nous ravit. »

# CHAPITRE X

Après avoir tant progressé dans le portrait de la plus merveilleuse des villes jamais connues de l'homme, permettez-moi de citer la personne qui a vu de ses propres yeux ce qu'elle décrit de manière si fluide et avec tant de détails :

« Au nord-est de cette île-continent se trouve le grand Temple, bâti à la fois pour son utilité et pour son symbolisme. Toute la surface d'un plateau de plusieurs hectares, dont le sol s'élevait jusqu'à atteindre les contreforts des montagnes, avait été nivelée et pavée d'un matériau mou, dont seuls les Atlantes connaissaient le secret. Celui-ci se solidifiait sous l'action du soleil et de l'atmosphère, jusqu'à devenir adamantin. À l'est, une vaste région qui rejoignait la côte, sans être toutefois à son niveau, avait également été aplanie et pavée, de sorte que plus rien n'obstruait la vue jusqu'à l'horizon lointain.

« Sur cette large étendue de surface plane, suffisamment près des montagnes pour être soutenu par leur solide étreinte, s'élevait face au sud le grand Temple aux murs blancs et ses vastes espaces destinés aux larges rassemblements. Les cours et les bureaux fermés ainsi que les cloîtres du Temple faisaient face aux montagnes du nord, ce qui assurait l'intimité nécessaire des Habitants du Temple, notamment pour les Maîtres et les élèves de la Fraternité du Temple qui cherchaient la connaissance dans le Silence.

« Le Temple est bâti sur deux niveaux, le rez-de-chaussée comprenant des piliers jaillissant des fondations rocheuses de la montagne et supportant des arches qui, elles, soutenaient d'immenses blocs de pierre qui n'étaient autres que le sol du premier étage. Le rez-de--chaussée est presque entièrement ouvert tandis que le premier étage est conçu pour profiter de son intimité et s'adonner paisiblement à la réflexion. Celui qui regarde par-dessus les remparts du premier étage surplombe d'environ vingt-sept mètres la cour merveilleusement pavée. À l'est et à l'ouest du Temple lui-même se trouvent des jardins, des bosquets, des fontaines, des ruisseaux, des animaux domestiques, et des fleurs de toutes les couleurs et de tous les parfums. Tout cela est sacré aux yeux du Temple mais est ouvert au public sous la surveillance d'un gardien, à l'exception de certains endroits à proximité du Temple réservés à l'usage exclusif des élèves et des enseignants. Dans la partie nord-est du Temple s'élevait la grande tour et observatoire, d'un diamètre de quinze mètres et d'une hauteur de 64 mètres, point de repère et phare visible sur des centaines de kilomètres, véritable source de joie pour les marins de l'État secoués par la mer.

« En observant l'intérieur du Temple depuis la place se trouvant à l'entrée, ses vastes alcôves, ses forêts de piliers blancs et son haut plafond vouté plongeaient le spectateur dans l'émerveillement. Ce sentiment n'était en rien amoindri par la propreté de l'endroit, par le mouvement constant de la lumière du soleil et des ombres qui peignaient des œuvres d'art grotesques, éphémères et indescriptibles sur les murs. La nature de la solennité révérencieuse suscitée lors des offices modifiait la pensée et l'idéal national atlantes tout entier.

« La grande tour s'enfonçait à plus de quatre mètres sous la surface de la Terre. La pierre de roche d'origine avait été complétée par un bloc carré de roche solide, et sur cette fondation avait été installée la superstructure d'une hauteur de 69 mètres, ou 225 pieds, soit le carré de quinze. Sur le sol du Temple, reposant sur une estrade suré-levée, se trouvait la salle secrète du Saint des Saints. À travers cette pièce, au cours des grandes fêtes religieuses, le Voile d'Isis brulait et flamboyait. Au-dessus, au niveau du premier étage, se trouvait la salle des Quarante-cinq, et, encore au-dessus d'elle, les salles des Quinze, des Sept, des Cinq et des Trois. À l'extérieur, la Tour était lisse et im-pénétrable de sa base jusqu'au sommet. Elle ressemblait à un bloc massif directement sculpté depuis les carrières d'extraction puis posé debout, tant la facture était adroite et l'assemblage et la finition de la tour étaient parfaits.

« Les cloitres et les pièces du premier étage du Temple formaient les appartements réservés à l'étude personnelle et à l'enseignement en classe. Il y avait également des appartements supplémentaires creusés dans les montagnes voisines et accessibles par des passages secrets, conçus de sorte que tous les trésors qui y étaient déposés seraient conservés en sureté, fussent-ils engloutis sous la surface de l'eau pen-dant d'innombrables années.

« Au-delà de la grande place, en direction de la ville, des arbres et des fontaines ombrageaient et embellissaient le bord vide de la vaste chaussée. »

Telle était la pâle description du véritable aboutissement et de la concentration des milliers d'années d'existence et de développement de la Nation.

« Dans tous nos Temples, et plus particulièrement dans le grand Temple, les cours extérieures ne faisaient que nous séparer de ceux qui ne ressentaient aucune aspiration à appréhender les choses inté-rieures et supérieures. La cour la plus éloignée, ou cour du peuple, réunissait ceux qui avaient leur propre réflexion, et qui étaient indécis quant à la direction à suivre afin de poursuivre la lumière qui leur apparaissait lentement.

« La cour intérieure du peuple rassemblait ceux qui avaient une perception si claire qu'ils s'engageaient à accomplir certains objectifs dont le véritable dessein leur échappait, et dont ils ne discernaient que la finalité perdue dans la lumière de la vie et dans le halo de l'obligation. Dans cette cour, les quêteurs doivent être prêts pour ce qui les attend, grâce à l'apprentissage et à la formation, et il est donc naturel que ceux qui s'y attardent, dans leur aspiration à progresser, fassent tout leur possible à travers leurs propres pouvoirs d'assimilation et par eux-mêmes.

« Au début, si la leçon concerne la concentration, il s'agit de leurs concentrations individuelles. Si la leçon concerne la passivité, il s'agit de leurs passivités individuelles. C'est exactement le même procédé que lorsqu'un individu apprend à chanter, au départ, et qu'il travaille seul sa propre voix. Une fois cet exercice solitaire effectué et après avoir atteint un bon niveau et une certaine facilité d'exécution, il est alors temps de réunir toutes ces réussites isolées en un seul effort conjugué. Il s'ensuit alors nécessairement que la cour extérieure de la Fraternité ne peut que se superposer à la cour intérieure du Temple.

« L'exercice individuel et solitaire est absolument nécessaire pour passer à l'étape suivante qui consiste à pratiquer à l'unisson avec une ou plusieurs autres personnes, de la même manière que les étudiants en musique s'entrainent en duo ou en quatuor pour obtenir des résultats harmonieux.

« La question qui se pose est la suivante : comment se développer et obtenir au mieux des résultats ? Quel est le principe fondamental ?

« En musique, on dit que les notes sont fixées à un certain ton, et peu importe la durée des vibrations, la tonalité et le rythme resteront identiques et toutes les vibrations s'aligneront. Il en est de même lorsque les élèves agissent de concert sur les plans occultes : les vibrations qu'ils produisent ne seront évidemment pas identiques, mais elles doivent être en harmonie ; les parties d'une vibration s'accordant et complétant les autres vibrations, afin qu'il n'y ait aucune dissonance.

« Afin d'obtenir les meilleurs résultats possibles, mieux vaut que les personnes rassemblées dans la cour extérieure de la Fraternité soient vigilantes et prudentes afin que les vibrations qu'elles émettent ne soient ni accélérées ou intensifiées ni même attirées, après une inattention causée par leur propre négligence.

« Une fois que l'unité d'action est atteinte, il est absolument nécessaire pour le succès de cette opération que la tonalité utilisée depuis le début reste identique.

« Il est facile de voir à quel point d'intenses passions, comme la colère ou tout autre sentiment perturbant, interfèreraient avec les vibrations. Ce serait semblable à un faux accord produit par un instrument à cordes, sur lequel, bien qu'elles n'émettent pas le même son, les cordes doivent tout de même être en harmonie. Cette harmonie est la source de toute musique.

« Il n'est pas nécessaire de laisser libre cours aux sentiments les plus intenses de la nature d'un homme, ce qui leur permettrait ainsi de créer des perturbations à la fois pour le concerné et pour ceux avec lesquels il est lié. À petite échelle, ce serait également comme élever d'un demi-ton ou bémoliser une tonalité au mauvais endroit, suite à quoi les vibrations seraient modifiées, l'harmonie brisée et la dissonance deviendrait perceptible.

« Il est parfaitement indispensable que tous les facteurs de perturbations extérieurs soient maitrisés lorsque l'on doit se focaliser, afin que l'harmonie et la force ne soient pas troublées durant un effort conjugué de concentration. Cela s'applique à tout le domaine de l'occulte.

« Lorsque deux ou davantage de Frères se concentrent ensemble, il ne faut pas présumer qu'ils suivent tous le même cheminement de pensée. Ce serait impossible. Le résultat recherché peut être atteint en travaillant chacun à sa façon, avec la même idée en tête. Le fait que A ne réalise pas sa tâche exactement comme B n'entraine pas une perturbation dans les vibrations provoquées par B et réfléchies par A, ce qui détruirait ainsi dans une certaine mesure la coopération et les effets escomptés.

« La loi du Temple est donc la suivante : tout d'abord, seul ; puis en compagnie de ceux qui cherchent à atteindre leur but en unissant leurs forces, de la même manière que les Maitres des Destins, de tout temps, ont pu l'atteindre. L'unité d'action est le plus important ; il faut donc se prémunir contre tout ce qui pourrait la menacer. Si, en temps normal, les vibrations reposent les unes à côté des autres et que l'une d'entre elles est accélérée, l'harmonie est alors rompue et l'effet de l'impulsion est d'augmenter leurs longueurs d'onde. Lors d'efforts conjugués, il est impératif que chacun des participants devienne son propre gardien. Sachant que des choses déplaisantes nous viendront à l'esprit, nous devons toujours être prêts à les mettre de côté sans tarder. Nous n'en ressortirons que plus puissants pour poursuivre notre tâche. Ainsi, en plus de nous affecter, le chant de notre âme touchera également les personnes autour de nous.

« C'est cette déclaration de principes qui a façonné la grande loi du Temple : "Ne faites pas à autrui ce que vous ne voudriez pas qu'il vous fasse". Tous les enseignements et toutes les formations, toutes les cérémonies et tout le symbolisme du Temple se fondent sur cette loi qui est la pierre angulaire de notre religion. Maintenant que nous avons survolé les vérités qui sont sous la responsabilité de notre prêtrise, concentrons-nous sur la description de quelques-unes des cérémonies des offices du Temple, et prenons comme exemple la grande Fête du Nouvel An, car c'est lors de celle-ci que nous célébrons le plus grand nombre de cérémonies.

« C'est lors de la Fête du Nouvel An, le 21 mars, que se déroulait et se célébrait la renaissance du Soleil, quand, après une journée et une nuit d'une même durée, de nouveaux printemps et été débutaient pour l'hémisphère nord, et la promesse de saisons de semis et de moisson était renouvelée.

« Au cours de cette célébration, il est attendu que chaque famille du royaume soit présente, qu'elle soit au complet ou représentée par un de ses membres. Toutes les allées et venues de l'année sont planifiées en fonction de cet évènement. C'était alors un privilège pour la population périphérique d'être accueillie au sein de la capitale. Cette fête dure sept jours.

« Bien qu'aucun mot ne puisse véritablement dépeindre toutes les merveilles de ce formidable rassemblement de personnes, permettez-moi de tenter de décrire en détail une des dernières fêtes qui s'est déroulée dix ans avant la destruction de la ville. Il régnait alors la plus parfaite des harmonies entre le gouvernement et le peuple.

« Environ trois jours avant le début de la fête, on pouvait remarquer une légère agitation due aux préparatifs à travers tout le pays. Il s'agissait d'un lent déplacement en direction du cœur des festivités. Si l'on pouvait contempler le continent d'en haut comme si l'on observait une carte, on apercevrait au cours de ces trois jours de longues lignes convergentes de voyageurs, certains à pied et d'autres par tous les moyens de transport possibles, se dirigeant vers la ville. Plus le début des festivités se rapprochait et plus ces lignes se rétrécissaient et les routes à proximité de la ville et dans la ville même regorgeaient de monde. Très peu de personnes habitant dans les régions environnantes n'avaient pas d'amis ou de famille dans la capitale. Quand les maisons étaient remplies, des tentes étaient déployées dans les jardins et dans tous les parcs et lieux de rassemblement. Ainsi, une nouvelle atmosphère se dégageait de la lumière lorsqu'elle se reflétait sur les tentes, qui pouvaient être en lin ou en coton et étaient toutes teintes en blanc éclatant grâce à un procédé que seuls les Atlantes maitrisaient et qui n'avait jamais été transmis à d'autres nations. L'unique endroit vide de tentes était le grand plateau du Temple ainsi que ses cours extérieures, car cet espace devait nécessairement être libre pour la grande assemblée.

« Puisque les cérémonies célébraient le soleil naissant, les rassemblements se déroulaient le matin et le soir, ainsi qu'au moment de la culmination du soleil dans le ciel. Au premier jour des festivités, alors que l'aube pointait à l'est, on pouvait percevoir dans les premières lueurs du jour un son grave et étouffé qui se répercutait à travers la ville tel un torrent rapide dévalant le lit plat d'une rivière, et dès qu'il y eût suffisamment de lumière pour voir on put distinguer toutes les cours extérieures ainsi que le grand plateau du Temple remplis d'habitants venus prendre part aux cérémonies d'inauguration. Leurs visages étaient tournés vers l'est, et aucun obstacle n'obstruait leur regard jusqu'à l'horizon.

« Quand l'apparition du Seigneur du Jour approche, une harmonie grave et mélodieuse, dans laquelle résonnaient des variations rythmiques, s'élevait lentement et paisiblement dans les airs dans une large gamme de tons depuis le chœur du grand Temple, dont les membres étaient réunis sur un des porches surélevés du Temple afin que la vaste multitude puisse les voir. Tandis que le chant progressivement amplifié par les voix des fidèles gagnait en force et en volume, le peuple entier semblait chanceler sous l'envoutement psychique de cette invocation au Soleil ; ce symbole de bienvenue adressé à celui qui reprend son travail et sa mission. Les minutes avancent rapidement, l'invocation se termine et des coups de trompettes accompagnent la note finale ; l'orbe solaire jaillit de son lit sous la mer avec la soudaineté des tropiques. Alors que ses premiers rayons s'abattent sur la foule, tous tombèrent à genoux. Têtes baissées, en adoration silencieuse, ils attribuent toute gloire, tout pouvoir, toute louange à ce qui représente pour eux la source manifestée de la vie, de la santé et de la force : l'œil qui ne dort jamais de l'Unique. Puis ils se séparent. Ils consacrent leur temps à converser ou à s'abandonner au repos et à la tranquillité jusqu'à midi.

« Tandis que le soleil s'approche du méridien, dans toutes les rues principales et secondaires, sur tous les toits, dans tous les endroits où pourraient se trouver des fidèles, on contemple sa surface tournée vers le Temple. Lorsqu'il atteint son zénith, une boule de cristal d'un éclat presque aussi aveuglant que lui jaillit du plus haut pinacle et reçoit, pendant un court instant, les pensées concentrées de tous les fidèles à travers la ville, allusion au bon messager de l'Unique, dont on saisit à présent le faite de sa gloire. De nouveau, un rassemblement se forme le soir au Temple. Les cérémonies du matin sont répétées, mis à part le fait que l'on entonne un chant d'adieu ; la multitude est tournée vers l'ouest et non vers l'est, et le son étouffé des instruments à cordes accompagne la sortie de l'astre dans l'horizon de l'ouest.

« Ces cérémonies se poursuivent pendant six jours. On célèbre diverses autres cérémonies entre les Assemblées, qui durent moins longtemps celles-ci. Il est également possible d'assister aux offices, aux travaux et aux études du Temple. Chacune des sciences a sa place et est approfondie par les alliés de la grande Fraternité du Temple. Le peuple entier est concerné dans toutes ses ramifications. Il n'est pas nécessaire de les décrire dans leurs moindres détails. Mais durant ces six jours, les activités étaient incessantes, et toutes émanaient du Temple. La mise en marche d'une procession, un rassemblement de guides et de gardes du Temple, des conférences et des discours délivrés par des personnes hautement qualifiées pour enseigner depuis leur source de savoir abondante aux âmes profondes avides de connaissances. Mais tandis que le soir tombe après le déclin du sixième jour, toutes les cours du Temple étaient une nouvelle fois envahies par la foule. Le murmure des conversations s'éteint alors que les ténèbres deviennent de plus en plus profondes.

« Une fois la nuit tombée, le chœur du Temple ouvre la cérémonie avec le chant de l'invocation. Sa tonalité, son rythme et sa mesure sont différents de toutes les musiques jouées par l'Assemblée jusqu'à présent. Le peuple entier se joint au chant. Le son qui vibrait à une cadence croissante, son volume variant et résonnant dans les montagnes, avait un effet parfaitement indescriptible, car les Atlantes étaient particulièrement réputés pour être des chanteurs virtuoses. Une fois le chant fini, l'instructeur en chef du peuple se tenait sur une tribune largement surélevée, et y discourait des choses auxquelles ils étaient intimement liés au cours de la vie physique ; des choses qui leur étaient nécessaires ; de la façon dont le Soleil était pour eux la vie et la santé, l'abondance et la paix, le signe et le représentant du bien. Puis il dirigeait leur attention sur les ténèbres, qui les enveloppaient anxieusement, leur imposant le repos et les empêchant de travailler. Sa péroraison poursuivait alors ainsi :

« Les ténèbres sont la mort et la désolation, et ainsi, au commencement, le Vivant vit lorsqu'il dit : "Que la lumière soit ! Et la lumière fut." À ces mots, des millions de lumières brillèrent aux quatre coins du Temple, à l'intérieur, à l'extérieur, même dans les endroits les plus élevés. Un éclat vif de marbre blanc scintilla, car les Atlantes n'ignoraient qu'une chose de l'électricité, à savoir le moment où la connaissance aurait de l'emprise sur l'Unique, dans l'intégrité de son existence suprême et la plus profonde.

« Il existe d'autres cérémonies secondaires en lien avec la nuit, mais celle-ci est la plus importante. Il n'y a pas de sacrifices, pas d'effusions de sang animal ou humain. Les Atlantes n'estiment pas nécessaire d'inculquer la destruction ou les actes destructeurs en ayant recours à de tels sacrifices, en brulant ou en abattant des êtres vivants, car d'après eux l'homme est naturellement destructeur et il faut donc lui enseigner le contraire. L'ombre abominable de l'agonie et de l'horreur était donc absente de nos cérémonies, mais elle ne manquera pas de réapparaitre si l'homme oublie nos enseignements. Mais nos grands préceptes atteignaient bien leur objectif d'élever le peuple entier au même niveau et de renforcer leurs liens au sein d'une même

Fraternité. Dans le prochain chapitre, je décrirai de mon mieux le dernier grand jour de la Fête. »

# CHAPITRE XI

Je vais à présent me concentrer sur la nation atlante lorsqu'elle était au sommet de sa gloire, de sa prospérité et de sa connaissance. J'ai été averti par l'Invisible de ne pas écrire de façon irréfléchie, mais avec circonspection, de peur que des personnes malveillantes et non liées à la Fraternité n'obtiennent des pouvoirs.

«Autrefois, lorsque, pas à pas, nous avions laborieusement et péniblement gravi le sommet des montagnes pour atteindre le feu de la vérité éternelle, le monde était à nos pieds. Tel était notre état intellectuel et physique. L'héritage de nos innombrables vies antérieures nous accordait tout ce qui valait la peine d'être possédé et connu sur cette Terre.

«En outre, notre venue dans ce monde n'est pas obscurcie, comme le sera celle des générations futures, par des conditions physiques qui deviendront de plus en plus denses et lourdes au cours des siècles à venir. Cela est dû au fait que, après avoir totalement dominé le fonctionnement du monde physique, nous avons également cherché à maitriser ce qui n'appartient qu'au royaume spirituel, ce qui nous a isolé. Il n'y a qu'un seul Dieu. Aucune création ne peut prendre la place de l'incréé. Rien de ce qui n'a été créé par la pensée de l'Infini ne peut espérer comprendre ce que représente l'Existant, la Cause de toutes les choses manifestées ou non manifestées.

«Au début du développement de la nation atlante, les communications étaient assurées par des vibrations sensorielles, tout comme maintenant. Il est possible que les vibrations étaient alors moins intenses qu'aujourd'hui. Mais vers la fin de leur règne, les élèves apprenaient par transmission de pensées.

« L'éducation de la jeunesse ne se résume pas à mémoriser des connaissances par cœur. Ni à l'éveil de sens physiques partiels. Elle n'a pas recours au sens matériel pour développer l'âme. Nous n'attendons pas des conditions physiques qu'elles nous apportent un quelconque soutien dans notre quête spirituelle. Car nous savons qu'une fois leur potentiel maximal atteint, les choses appartenant au domaine physique ne pourront s'élever plus haut. Par ailleurs, même la forme la plus parfaite du physique engendre faiblesse et mort. Alors que pourrait-on y trouver d'autre ?

« C'est là une de nos doctrines axiomatiques. Les manifestations ne sont qu'une exemplification de ce qui s'est produit sur le plan spirituel.

« Dans les jours à venir, le professeur de mathématique énoncera un axiome ou une proposition, puis, se dirigeant vers le tableau, fera appel au sens de la vue de ses élèves pour y démontrer, en manifestation, l'idée qu'il cherche à avancer sur le fonctionnement secret des forces supérieures. Dans le cas d'un chimiste, il présentera certains éléments à son audience, et de l'union de ces éléments ou de la séparation des conditions se développeront ou se manifesteront certaines réactions parfois surprenantes. Mais ce qui se déroule alors n'est pas la vérité qu'il tente de prouver ; ce n'est qu'une démonstration de cette vérité. Le professeur de mathématique, lui non plus, n'essaie pas de montrer la vérité. Il tente simplement de prouver la véracité de ce qu'il a appris sur le plan physique.

« Il ne faut pas confondre le non manifesté et le manifesté. Le non manifesté est la racine de toutes choses manifestées. Le manifesté existe parce qu'à sa source se trouve le non manifesté, et ce depuis la nuit des temps. C'est pour cela qu'à l'heure actuelle, nous ne nous attardons pas sur des démonstrations, ou sur quelque autre façon de prouver par la simple manifestation l'existence de l'invisible et du non manifesté.

« Mais l'éducation de nos élèves commence par renforcer leur mentalité. Si certains d'entre eux possèdent une constitution physique qui limite ou nuit au mécanisme de leurs pensées, qui est le pouvoir leur permettant de puiser dans la force extérieure à eux-mêmes, ils sont tout d'abord soignés par les pensées des personnes autour d'eux, afin que leur état de santé s'améliore, comme on dit sur le plan physique. Cet état ne relève en fait que de l'harmonie générale. »

Les connaissances qui nous sont parvenues jusqu'à aujourd'hui, à nous qui avons l'honneur de lire ce manuscrit avec soin, et qui répondent aux divers noms de « la science des conditions spirituelles, c'est-à-dire science mentale, science de la vérité, et science de la connaissance », appelez-les comme vous le désirez, ne sont vraiment qu'un léger aperçu rapporté par une personne clairvoyante et qui a fait preuve de la vaillance des vieilles âmes en développant cette idée. Seules ces vieilles âmes se voyaient confier les travaux qui feraient battre le cœur de ceux qui en entendraient parler. Toutefois, c'est en s'adressant au monde et en démontrant pendant des années et des années la source de cette connaissance merveilleuse que l'on peut évoluer dans les domaines de l'invisible et de la spiritualité. Mais je ne dois pas oublier de préciser que le privilège de répandre ces vérités de manière compréhensible revient aux personnes d'origine atlante.

Si ces dernières affirmaient leur position et présentaient leurs connaissances personnelles comme la vérité, elles se rendraient service à elles-mêmes – peu importe si elles sombrent ensuite dans les ombres et les ténèbres profondes. Cette part de vérité ainsi dévoilée restera valable à jamais. Ainsi, ce qui pour nous était des guérisons miraculeuses ne survenant qu'en de rares occasions était chez les anciens Atlantes des évènements tout à fait banals et quotidiens. Ceux qui s'associaient dans le but d'accroitre la population étaient les premiers à s'accoupler, selon les meilleures connaissances détenues par les astrologues de l'époque. De cette façon, il arrivait très rarement que ces paroles chantées par un de nos poètes : « envoyé avant le temps dans le monde des vivants, difforme, inachevé, tout au plus à moitié fini » décrivait le destin d'un enfant né d'une de nos femmes. Dès que le moindre signe d'immaturité de cette sorte apparaissait, il était immédiatement traité sur le plan mental.

# CHAPITRE XII

Les étudiants assistaient ensemble à des cours ou à de petites assemblées afin d'écouter les Sages et de s'instruire. Les Sages n'avaient pas recours aux sens physiques pour s'exprimer comme je le fais aujourd'hui avec vous, mais employaient la transmission de pensée, un moyen de communication plus vif et imprégnant, qu'un jour certains d'entre vous saisiront et maitriseront, et que cette nation toute entière, essentiellement atlante, aura en sa possession. Non seulement le cours en question était pleinement et entièrement perçu, mais il était compris avec une intensité et une activité sur le plan de l'intellect bien plus prodigieuses qu'aujourd'hui.

Imaginez, comme je vous l'ai décrit, que de nos jours, alors que nous écoutions avec ravissement, il était possible de faire à une classe d'étudiants une démonstration des vibrations des couleurs, des sons et d'autres vibrations sensorielles qui se trouvent hors de notre portée, en leur demandant de rester calmes quelques instants. Si, en tant que professeur, je m'adressais à vous, élèves attentifs, et vous disais : « Asseyez-vous un moment, orientez votre conscience sur vous-mêmes et percevez, » alors je pourrais, par la force de la pensée dirigée par ma propre mentalité, vous montrer le calme, la paix et l'harmonie qui vont de pair avec la vision intérieure – comme cela nous ferait gagner du temps ; et comme cela se graverait mieux dans vos mémoires, comparé à aujourd'hui, alors que vos cerveaux doivent formuler des mots symbolisant les vibrations que je tente difficilement de vous transmettre, et qu'aucun de vous ne peut concevoir ou percevoir de la même manière. Tel était notre incroyable entrainement mental remarquable d'intelligence.

Quiconque était particulièrement brillant et désirait connaitre la vérité de toute chose, se tournait vers la grande tour blanche, qui s'élevait au-dessus de notre Temple, et souhaitait au fond de lui-même pouvoir un jour s'y instruire, en avait toujours l'occasion. Lorsque ce moment arrivait et que le portail était grand ouvert, venaient aussi des obligations à honorer comme c'est le cas aujourd'hui.

Ces paroles prononcées par un maitre d'une autre époque : « Je vous donne un commandement nouveau : aimez-vous les uns les autres, » étaient l'inspiration, la pensée et la maxime fondamentale des professeurs du Temple. Tous devaient être liés par une unité parfaite, une harmonie parfaite et un amour parfait. Oh, si seulement vous, qui aujourd'hui n'avez rien oublié, vous qui vous êtes souvenu et avez suivi tous les « Dix terribles » Commandements concernant le monde physique, si seulement vous vous rappeliez et respectiez le Onzième. Alors, tout ce qui pourrait être nécessaire dans la vie visible serait accessible.

Cherchez d'abord la connaissance et le pouvoir de l'Invisible dans le royaume de la Vérité, et le savoir de toute chose viendra ensuite à vous. » Les connaissances du monde physique ne sont pas très vastes. Elles se résument à la contemplation de quelques principes simples et fondamentaux. Fabriquer de l'or n'est pas aussi délicat que l'on pourrait le croire. Ce n'est pas si difficile d'accomplir des choses lorsque nous en maitrisons les connaissances. Chaque étape que vous avez parcourue, qui semblait si ardue lorsque vous y faisiez face pour la première fois, devenait plus facile avec les connaissances supplémentaires et après avoir été franchie.

Nos vestiges de pierre, confinés dans l'abime des océans, détiennent des principes fondamentaux considérés comme la vérité absolue, et nombre d'âmes sincères à leur recherche parmi les lignes supérieures sacrifieraient volontiers des années de leurs propres vies pour les obtenir. Certains d'entre eux, tôt ou tard, seront à notre portée. Ceux qui sont prêts à progresser, à y consacrer le temps nécessaire, à faire des sacrifices et à assumer les devoirs qui reposent sur la conscience de ceux autorisés à participer aux vérités universelles dans la limite de leurs actes, sont candidats à l'obtention des connaissances et de la compréhension. Ils franchiront certainement les portes triples pour accéder aux grands mystères.

Le contrôle de toutes les connaissances appartenait intellectuellement et moralement à la nation atlante, à l'exception de celles qui appartenaient aux domaines de l'origine et du pouvoir de la vie. Cela ne concernait que l'Unique.

Certains d'entre vous que je considérais autrefois comme des hommes sont aujourd'hui perçus comme des femmes. Mais l'esprit qui est à l'origine de chacun d'entre vous reste identique ; la perception qui ressort de vos yeux est la même perception qui ressortait de votre corps ou de votre tenue de l'époque, des milliers d'années plus tôt. Oh, si seulement vous pouviez aujourd'hui comprendre et percevoir la perfidie de l'étreinte physique, et comment l'enveloppe des choses physiques n'est qu'une manifestation des processus d'accomplissement. Si les expériences ne peuvent être vécues qu'à travers le corps d'un homme, l'enveloppe physique prendra cette forme. Si le but de leur retour à la vie ne peut être accompli qu'à travers le corps d'une femme, elle l'adoptera, avec le minimum de joie et les fardeaux éprouvants de la douleur et d'une agonie atroce sur tous les plans. Le corps n'est rien ! Seule l'âme de l'Égo compte.

# CHAPITRE XIII

D'après une des doctrines atlantes, le corps physique qui nous entoure est adapté au besoin de l'Égo qui le possède, puisqu'il est une manifestation des procédés d'accomplissement. Si l'Égo qui revient à la vie ne peut évoluer par lui-même sans vivre certaines expériences particulières, il fera en sorte, s'il le peut, de la provoquer. D'époque en époque, de génération en génération, l'origine de toutes choses reste à jamais identique. Ce qui domine toutes les choses fait partie de l'Existence divine, et ne fait qu'un avec l'Un ; une partie de l'Existence divine, indivisible et toujours identique. Tel était l'enseignement fondamental dispensé tout d'abord dans les forêts, parmi les rochers et les montagnes ; puis dans le grand Temple bâti au sein de ces montagnes. Il ne faut pas oublier qu'une grande partie des travaux effectués dans le Temple était réalisée grâce au contrôle des éléments ou des forces élémentaires, que la Fraternité maitrisait et exerçait déjà en ce temps-là, afin d'alléger les labeurs physiques. Vous, la génération d'aujourd'hui, êtes quelque peu parvenue à récupérer cette technique. Mais plutôt que de commander les forces universelles, vous en enchainez une partie et la placez sous la contrainte matérielle. Ces contraintes agissent pour vous, travaillant sans relâche jour et nuit. Et ainsi, les pouvoirs et les forces de réactions qui remédient généralement au retard physique de toutes constructions imposantes ou autres travaux de grande importance ne surgissent pas des conditions et vibrations environnantes, car elles proviennent des gémissements et des plaintes de ceux qui travaillent dur dans leurs corps physiques pour parvenir à leurs fins.

Les forces élémentaires construisent grâce à leur énergie, et il n'y a pas de retard. Avec elles, il n'y a ni regret ni réparation à effectuer. Aucune larme, aucune goutte de sang ne coulent au cours des travaux. Tout est propre. Elles sont provoquées et dirigées par la force qui émane du pouvoir de l'homme créé, qui devient ainsi un lien avec le pouvoir de l'Un, qui s'est manifesté sous la forme de l'Univers.

Dans la partie nord-est du Continent se trouvait une chaine de montagnes rocheuses. Elles s'enfonçaient loin sous le niveau ordinaire du sol. Même si elles semblaient être soutenues par le cœur même de la Terre, ce n'était pas le cas, comme le prouveront les évènements futurs. Mais quoi qu'il en soit, elles étaient suffisamment solides pour soutenir des tonnes de roche empilée sous toutes les formes possibles.

Les rochers furent donc tout d'abord réduits au même niveau, et une large place se dégagea ainsi d'est en ouest, de telle manière que l'on pouvait observer le lever et le coucher du soleil depuis n'importe quel endroit de cette esplanade. L'étoile Polaire et la Croix du Sud, toutes deux basses dans le ciel, étaient également visibles depuis la place. La vue était dégagée d'un horizon à l'autre, aussi loin que le regard portait. Cette place était suffisamment vaste pour accueillir tous les membres de la nation atlante en même temps. Elle avait une superficie de plusieurs acres. Le nombre de personnes pouvant se tenir sur une même acre était remarquable, à condition qu'ils fussent tous en harmonie.

Cette grande place était indispensable pour les Assemblés et pour les cérémonies annuelles, au cours desquelles les habitants montaient jusqu'au Temple afin de recevoir des conseils et des indications pour l'année à venir. Cette Assemblée se déroulait toujours lors de l'équinoxe de printemps, lorsque végétaux et animaux recevaient une nouvelle impulsion.

Les montagnes partiellement excavées laissaient donc aussi de la place pour la façade qui était creusée sur le flanc de ce massif rocheux de façon à former l'intérieur du bâtiment, et des structures additionnelles étaient parfois ajoutées à cette excavation afin de répondre aux besoins de la colonie du Temple. Ainsi, des ailes étaient construites et des étages supplémentaires étaient rajoutés, tout en respectant la symétrie de l'ensemble. Les pièces et les colonnades participaient toutes à l'unification de l'ensemble, c'est-à-dire l'enseignement des professeurs du Temple, et, à travers eux, de toute la population.

Comme je l'ai mentionné précédemment, sur le coin nord-est des fondations de roc et plongeant loin sous la surface de la Terre, était construite, étage après étage, une tour, et sur son toit se trouvait le plus grand observatoire connu du monde. C'est là que les sages que l'on considérait comme les meilleurs, après avoir victorieusement surmontés les difficultés, suivis les enseignements et achevés le développement du degré inférieur, montaient la garde et surveillaient en permanence. À l'extérieur de cette tour, au niveau de sa partie inférieure, s'étendait le mur du Temple qui entourait la grande salle de l'Assemblée ainsi que le Temple même, et depuis le Saint des saints situé au pied de la tour, de la Lumière, de la Force et du Pouvoir affluaient au moment de l'Assemblée sous l'effet des pouvoirs conjugués des Trois, des Cinq, des Sept, des Quinze et des Quarante-cinq. Mais passons à une description plus complète de la tour.

«La tour faisait environ sept mètres de diamètre au plus haut point de son chaperon. Elle était faite de pierres taillées en forme de tronc d'arbre : elle était large au niveau de sa base, puis son diamètre rétrécissait à mi-hauteur avant de s'élargir de nouveau.

« Ce modèle inspiré de la nature était considéré comme étant la plus puissante des formes. Les pierres, comme mentionnées précédemment, étaient subtilement taillées et liées dans un type de ciment particulier que l'on trouvait dans la partie sud du Continent et qui, une fois durci, devenait aussi solide que la pierre elle-même. La tour se dressait donc dans les airs tel un solide bloc de pierre.

« À son sommet, au niveau du chaperon, se trouvait un dôme sphérique placé à trois mètres du sol. Il était en verre et, mieux encore, il ne s'agissait que d'un seul morceau de verre, aussi transparent que de l'eau. À travers lui, le moindre mouvement des corps célestes pouvait être observé et consigné depuis des points d'observation idéalement situés dans la salle au-dessous. Le sol de cette grande salle était en mosaïque ornée d'illustrations, et lorsqu'il réapparaitra les personnes sages pourront y lire l'histoire et la date de la fondation du Temple, son but ainsi que les objectifs qu'il suivait.

« Sur un côté, un disque circulaire était fixé au mur, et ceux qui connaissaient son mécanisme secret pouvaient le déplacer afin d'entrer et de sortir. Seuls les Trois détenaient ce secret, et l'un d'entre eux était constamment au service du Saint des saints de ce Temple. Il y avait un autre Saint des saints dans la grande salle de l'Assemblée, mais il s'agissait du symbole du membre le plus élevé de la « Sagesse supérieure ». L'un correspondait à la Sagesse supérieure et l'autre à la Sagesse inférieure. Un tapis en lin lourd, tissé en mailles si serrées qu'il ne gardait presque aucune trace des empreintes qui s'imprimaient sur lui, protégeait ce sol en mosaïque. L'usure naturelle des objets matériels n'avait aucun effet sur lui. Il recouvrait entièrement le sol. Sur sa face supérieure était dessiné un cercle de la taille de la circonférence de la salle. En son sein étaient tracés trois autres cercles qui se rejoignaient au niveau de leurs circonférences, et dont les centres étaient tous à la même distance du centre du grand cercle. Dans ces cercles étaient dessinés les triangles équilatéraux collés ainsi que l'étoile à six branches. Au centre de ces cercles inscrits était placé un siège, pour chacun des membres des Trois. Au centre du grand cercle se trouvait un encensoir, posé sur un trépied, dans lequel brulait le Feu éternel. Au cours de leurs invocations, lorsqu'ils cherchaient à conquérir de nouveaux territoires dans l'invisible, il était absolument indispensable que le pouvoir des Trois soit représenté par le cercle extérieur. Les pouvoirs de chacun, coordonnés lors de cet effort, devaient protéger leurs cercles respectifs, tandis qu'au centre le pouvoir d'appel et de conquête devait flotter dans les airs. Ils y avaient recours en certaines occasions particulières. Ces vigiles étaient observées jour et nuit et les remarques qu'ils en tiraient étaient précieusement conservées. Ils étaient tous trois des sages, car ils s'étaient élevés pas à pas de la connaissance des choses terrestres et de leur environnement jusqu'à pouvoir percevoir les différents futurs possibles, non seulement concernant l'Atlantide, mais également le reste du monde.

« Ils avaient également atteint un stade où les accessoires ne leur étaient plus d'aucune aide, car, dans la perception de leur Héritage divin, ils affirmaient ne faire qu'un avec le Tout Puissant, et agissaient, exigeaient et percevaient en fonction de cette croyance. Avec cette perception, leur rôle finit par les emplir d'orgueil, ce qui, avec leurs connaissances, fut la raison de leur chute. »

# CHAPITRE XIV

Avant de décrire les autres salles secrètes, n'oublions pas que toutes les connaissances émanent de la demeure des grands Dieux, c'est-à-dire le silence où toute chose existe.

Un large sol de maçonnerie se trouvait entre les salles des Trois et des Cinq, dont chaque pierre s'encastrait dans les autres, de la même manière qu'un morceau de pierre massive s'encastre dans la roche qui l'entoure. Il n'aurait pu être plus durable ou compact s'il s'était agi d'un seul et unique morceau de roche. L'arche de la salle inférieure était identique à celle de la salle supérieure. Entre la plus haute cavité du plafond de la salle inférieure et le sol de la salle supérieure se trouvait plus d'un mètre de maçonnerie massive. L'arche de la salle inférieure reposait sur, ou jaillissait de, cinq piliers encastrés dans les murs de cette pièce circulaire. Entre chacun d'entre eux était posée une plaque de marbre, lesquelles avaient toutes été polies autant que possible. L'une des plaques était blanche, puis une autre était noire, puis une blanche, une noire et enfin une blanche. Entre les deux plaques blanches se trouvait une bande polie de couleur dorée, dont la technique de fabrication, perdue depuis des siècles, a été retrouvée par les Étrusques, fabricants d'œuvres d'art extraordinaires qui font partie des merveilles et des splendeurs d'aujourd'hui. Elle étincelait et brillait, comme seul ce métal pouvait réagir dans les mains d'un artisan. Ces miroirs de marbres étaient légèrement inclinés vers le sol, et on pouvait y voir, aussi clairement que si on lisait un livre, tous les évènements qui se déroulaient, qui étaient survenus ou qui allaient se produire. Autrement dit, grâce aux techniques des Sages, ils réfléchissaient les annales akashiques. Quiconque connaissait le code pouvait les lire, mais afin de le comprendre il fallait percevoir, et personne ne pouvait espérer faire partie des Cinq sans avoir manifesté ce pouvoir de perception au cours de sa formation. Une fois que l'amour d'apprendre et l'envie de comprendre lui avaient transmis les rudiments du code, le candidat était transféré ici. Puis, comme dans un rêve, il devait prouver sa capacité à voir et à lire. S'il échouait, mais qu'il possédait tout de même le don de perception, il retournait s'entrainer. Sinon, cette expérience ne serait plus qu'un rêve à ses yeux.

Il n'est pas nécessaire de préciser que les Cinq voyaient rapidement et avec précision tout ce qu'ils désiraient savoir. Les bonnes choses étaient perçues dans les miroirs blancs. Les mauvaises choses ou les obstacles étaient perçus dans les miroirs noirs. Tant que l'Atlantide se maintenait à l'apogée de son pouvoir et de sa gloire, le nombre de miroirs demeurerait tel que je l'ai décrit. Mais au cours des vingt-cinq dernières années du Temple, le troisième miroir blanc s'était étrangement obscurci, devenant de plus en plus sombre jusqu'à la destruction finale de la ville, et aujourd'hui les eaux abritent trois miroirs noirs et deux blancs ; mais quand l'heure de la rédemption sonnera, la noirceur disparaitra. Il y aura de nouveau trois miroirs blancs et deux noirs. Le récit de notre passé, inscrit sur le sol de la salle supérieure, annonçait cette prophétie : «Lorsque les trois seront noirs, une prompte destruction s'abattra sur le Temple et sur le peuple. ».

Ceux qui auraient dû être poussés par leur ambition vers de meilleures aspirations le savaient, et bien qu'ils se soient interrogés à propos de cette détérioration continue, leurs esprits étaient tellement obscurcis par leurs désirs égoïstes qu'ils n'avaient prêté aucune attention à ce terrible avertissement.

Même si la salle était massive et n'avait ni portes ni fenêtres, un système de ventilation permettait de faire circuler de l'air frais entre cette pièce à l'apparence de tombe et l'extérieur. L'accès s'effectuait de la même manière que pour la salle supérieure. Bien qu'aucun orifice ne donnât sur l'extérieur, la lumière du grand dôme en haut de la tour passait apparemment à travers la maçonnerie massive, comme si celle-ci n'était faite que de verre. Tout ce qui était visible dans la salle supérieure grâce à la lumière qui passait par son splendide dôme de cristal l'était également dans la salle des Cinq. Le sol de cette pièce était également pavé de superbes mosaïques retraçant l'histoire ainsi que les évènements occultes de la nation. Un tapis fait de la même étoffe que celui de la pièce du dessus le recouvrait, sur lequel était tracé un cercle d'environ sept mètres de diamètre. À l'intérieur de celui-ci était dessiné un pentagone d'environ quatre mètres de côté. En partant du centre de chacun des côtés du pentagone jusqu'à leurs points de contact avec le cercle, un demi-cercle était tracé. Au centre du grand cercle était dessiné un autre cercle plus petit, d'un mètre et demi de diamètre environ, qui était en contact avec tous les demi-cercles. À l'endroit où ces demi-cercles s'interceptaient se trouvaient quatre formes semblables à des ellipses. À l'endroit correspondant au foyer le plus éloigné du centre se tenait la personne qui officiait. En traçant ces lignes, vous verrez à quel point le pouvoir de vie de chacun était limité par le grand cercle de l'environnement. Tous étaient limités, supportés et soutenus. À l'intérieur, le petit cercle, qui représentait avec le centre le pouvoir de l'Un, était touché et maintenu par les demi-cercles de chaque membre, qui étaient à leur tour soutenus par ceux de leurs frères, à leur droite, et par leur propre pouvoir, jusqu'à ce que le cercle entier soit achevé.

Ici, le triangle a laissé place au pentagone, et le symbole des relations intimes entre ces frères a été entièrement accompli. Toute la culture que le monde possède aujourd'hui est le résultat des vibrations enclenchées dans cette illustre tour atlante.

Environ un mètre de maçonnerie massive séparait les salles des Trois et des Cinq. Le plafond était vouté de la même manière que les cieux semblaient l'être, et cette arche était garnie d'un alliage d'argent, d'or et de cuivre, pour lequel les habitants du monde d'aujourd'hui donneraient bien des choses, ne serait-ce que pour le reproduire.

Son vernis avait été poli au maximum, mais, étrangement, il ne reflétait rien de ce qui se déroulait dans la salle. Il était soutenu par sept pilastres : un en orichalque, un en or, un en argent, un en plomb, un en étain, un en cuivre, et un en platine.

Ce dernier était utilisé à l'instar du mercure, car ce métal ne pouvait conserver ni sa place ni sa forme, et le platine en était l'opposé. Sur la plaque de platine posée à sa base étaient gravées les proportions de l'alliage utilisé dans cette profonde cavité.

Des sons en émanaient sans arrêt. Ils étaient parfois mélodieux et harmonieux, parfois retentissants et tumultueux ; car cela ne réfléchissait rien de ce qui se trouvait dans la salle. C'était le miroir des bruits de la nation, et de tous ceux avec qui des transactions étaient conclues. Il était en contact avec toutes les planètes, et, curieusement, il réfléchissait en plus des sons les couleurs qui leur correspondaient, car les vibrations qui produisent les sons et les couleurs sont les mêmes. On remarque ainsi que la première salle attire l'attention sur l'œuvre de l'Un dans les cieux, et que dans la deuxième le déroulement de la pensée de l'homme sur le plan astral est perceptible. Dans la salle des Sept, que nous allons à présent décrire, la manifestation de la pensée sous sa forme initiale est étudiée. Ainsi, plus l'on descend les étages et plus l'on se rapproche du peuple sur lequel ils règnent, et qui devrait toujours être leur priorité et au cœur de leur préoccupation.

Tout comme les autres salles, celle-ci était enveloppée de la lumière qui traversait tous les obstacles. Cette lumière avait la même lueur, qualité et intensité que celle qui éclairait la salle supérieure, elle tout aussi perçante et offrait la même visibilité. La lumière envahissait la salle entière, sans qu'aucune source ne soit visible. À l'instar des autres salles, le sol en mosaïque illustrait la continuation de l'histoire ainsi que des progrès de la nation et de la ville.

De même, un tapis le recouvrait également. Sur ce tapis était représenté un cercle d'environ six mètres et demi de diamètre. Un heptagone était dessiné dans ce cercle, et des rayons étaient tracés depuis le centre, faisant ainsi de chaque côté de l'heptagone la base d'un triangle, dont les deux autres côtés étaient formés par deux rayons. Dans chacun de ces triangles était inscrit un cercle, qui touchait tous leurs côtés. Au centre de chaque cercle se tenait l'un des Sept. Au cours de leurs efforts, ils pouvaient regarder vers le centre ou s'observer les uns les autres. Mais quoi qu'ils fassent, ils le faisaient avec une parfaite harmonie et union de pouvoirs.

Il reste encore une salle réservée aux puissantes énergies : la salle des Quinze. La salle des Quarante-cinq était davantage une école de formation qu'un laboratoire destiné aux forces occultes. La salle des Quinze était séparée de la précédente par une maçonnerie de deux mètres d'épaisseur. Au centre se trouvait un carré qui s'élevait au-dessus du toit du Temple. En son sein était bâtie une pièce carrée dont chaque côté faisait face à un des points cardinaux. Une fenêtre ronde perçait chacun des quatre murs. Celle à l'est était rouge, celle à l'ouest bleue, celle au sud jaune et celle au nord blanche.

Le sol était dallé, et ces dalles étaient faites en un matériau qui était indifférent à l'usure du temps. Et sur elles était inscrite une leçon qui contenait absolument toutes les connaissances utiles à l'homme et toutes celles qu'il pourra un jour obtenir sur Terre, du début à la fin. Les plus sages pouvaient partiellement la lire. Aux yeux de ceux qui pouvaient la déchiffrer, mais n'avaient pas une compréhension aussi avancée, elle restait mystérieuse et insensée.

Bien que cela puisse paraitre impossible, une fois que l'homme découvre que tous les rayons viennent de l'Un, il lui sera plus aisé de trouver la source et l'origine de toutes les choses mystérieuses et troublantes sur Terre. C'est parce qu'il croit qu'elles sont nombreuses, et que les ombres et les illusions changeantes font partie de l'essence alors que la nature des choses fait partie du réel, qu'il disperse son pouvoir et confond ses propres questions.

Dans cette salle, quinze sièges étaient placés en semi ellipse, sept de chaque côté de la clé de voute. Le plafond était également carré. Au niveau de l'un des foyers se trouvait un globe de cristal duquel émanait toujours de la lumière. Il était essentiel durant la nuit. Le jour, la lumière naturelle de l'extérieure inondait la pièce. Le globe de cristal flottait à mi-hauteur de la salle sans aucun support visible, et se balançait doucement au gré des courants de pensée qui l'entouraient. Au niveau du deuxième foyer de cette semi-ellipse se trouvaient trois serpents d'airain, reposant sur leurs queues et dressés vers le haut, qui tenaient dans leurs gueules un encensoir dans lequel brulait le feu éternel.

Au cours des séances, des mains invisibles se chargeaient de faire bruler de l'encens et des parfums qui agissaient étrangement sur les personnes en quête d'enseignement et de conseils. C'était ici que les personnes aptes étaient sélectionnées, une fois leur entrainement à l'école des Quarante-cinq achevé et à condition de suivre un enseignement et une formation supplémentaire. S'ils respectaient leurs obligations, ils pouvaient parfois espérer une promotion au sein de la hiérarchie.

S'ils échouaient, ils perdaient leur place. Cette salle d'essai était régulièrement soumise à des changements. C'est à partir de ces Quinze, sélectionnés parmi la nation toute entière, qu'apparaissaient les Sept, les Cinq et les Trois. Tous ignoraient les pouvoirs qui agissaient au-dessus d'eux, à l'exception de la personne qui occupait le siège du Frère supérieur, qui était leur chef et guide désigné.

Ils circulaient parmi le peuple et étaient considérés comme des figures d'autorité au sein des Habitants du Temple. Ils étaient proches des forces qui reposaient sous eux et qu'ils pouvaient entièrement contrôler afin de les rassembler et de les déployer pour obtenir un pouvoir concentré.

Cette salle reposait sur les murs de la salle des Quarante-cinq en s'appuyant sur une lourde arche, dont les bords sphériques étaient ancrés au roc, à la fondation solide du monde, qui semblait s'être soulevé dans l'unique but de la soutenir.

Sous la salle des Quarante-cinq était bâti le Saint des saints de la grande salle de l'Assemblée, afin que les mystères souhaités et destinés à être transmis puissent se manifester au peuple aux dates et aux saisons fixées. Tel était l'aboutissement de l'ensemble des interconnexions de cette organisation.

La salle des Quarante-cinq mesurait environ sept mètres et demi sur sept et demi et les murs avaient une épaisseur de six mètres. C'était entre ces murs, à travers lesquels ni bruits ni sensations extérieures ne pouvaient traverser, que les étudiants de ce degré se rencontraient. La salle était conçue de sorte que, grâce à son haut plafond vouté et à son solide parquet en bois provenant des quatre coins de la Terre, de l'air pur pouvait y être respiré. Ceux qui s'asseyaient, parfois pendant un court instant et parfois pendant des jours entiers qui passaient aussi vite que des heures, écoutaient ce qu'on leur disait avec ravissement. Il n'y avait aucune incompréhension due à un manque de maturité ou à un quelconque défaut des conditions physiques d'harmonie et de paix, que tous les hommes devaient posséder afin d'atteindre le sommet de la perception.

# CHAPITRE XV

Ainsi, les Quarante-cinq étaient installés en quatre rangées de sièges, onze par rang, disposées de manière elliptique face à une estrade surélevée, sur laquelle était assis le Frère supérieur lors des heures d'enseignement. Les rangées de sièges étaient agencées sous forme de gradin, de sorte que la vision et la perception des Frères qui y étaient assis par ordre d'âge soient parfaitement dégagées. À proximité du siège du Frère supérieur se trouvait toujours un siège qui, en se fiant aux sens personnels, semblait vide ; ceux qui pouvaient voir sur le plan psychique s'apercevaient qu'il était en fait occupé par un Frère supérieur venant de l'Invisible, qui agissait en tant que mentor et guide et influençait le Frère supérieur du visible afin que celui-ci bénéficie de tout ce qu'il pourrait obtenir à partir de ses connaissances ou de sa rencontre plus aisée avec l'Invisible, lui permettant ainsi d'acquérir à partir des royaumes de l'Invisible toutes les choses nécessaires à l'enseignement sur l'ensemble des plans atteints par les mortels.

Un escalier étroit agencé dans le mur épais, menant à la salle des Quarante-cinq, ainsi qu'une porte coulissante, s'ouvrant au moindre contact de ceux qui la connaissaient, permettaient d'accéder à cette pièce. Le plafond, les murs et le sol de cette salle étaient faits en bois originaire de la région connue aujourd'hui sous le nom d'Amérique latine, et qui était alors une vaste île. Il était d'une dureté particulière, d'une couleur rouge foncé et bénéficiait du cirage le plus brillant et durable. Les pièces de bois s'imbriquaient si parfaitement que l'on aurait dit un seul et unique morceau. Les bâtisseurs contrôlaient la force élémentaire qui pouvait mener à bien tout ce qu'on lui ordonnait de manière constante et de la plus élégante des façons. Ainsi, lorsque la porte était fermée, la pièce ressemblait à une coquille sans issues. Aucun danger extérieur ne pouvait l'atteindre, excepté, éventuellement, un tremblement de terre. Mais aucun tremblement de terre ne s'était déclenché depuis des centaines d'années, et aucun n'avait été prédit par les plus sages astrologues du Temple pour de nombreuses années à venir. La porte par laquelle ils étaient entrés était située à l'extrémité ouverte de l'ovale sur lequel les sièges étaient placés. À travers toute la salle, suffisamment loin des élèves afin de ne pas détourner leur attention, se trouvaient des points d'où émanaient de brillants éclats de lumière. Dans les jours à venir, des centaines d'hommes donneront des années de leurs vies afin de découvrir la composition de ces points de lumière sans jamais la trouver.

Avant que les hommes ne récupèrent ces connaissances, ceux qui avaient presque posé leurs mains sur la chose qu'ils désirent et convoitent seront de retour. Ces lumières, qui semblaient être tenues par des porte-flambeaux invisibles, pouvaient demeurer parfaitement immobiles aussi longtemps qu'il le fallait, ou pouvaient se déplacer selon le besoin de concentrer ou de diffuser ce qui émanait d'elles.

Parfois, visible de tous, apparaissait une chose semblable à un miroir des forces de la pensée qui reflétait le Passé ou le Futur. Ce vaste tableau transparent, pour ainsi dire, afin que vous puissiez comprendre ce que j'essaie d'exprimer, pouvait maintenir sa position ou se dissoudre selon la volonté des professeurs, et alors que l'on pouvait voir à travers, il s'agissait en fait d'une barrière imperméable à tout passage ; aucune barre épaisse de cuivre n'était aussi résistante. Même si rien n'attirait le regard sur lui, il possédait tout de même une certaine force qui en faisait un obstacle, bien qu'invisible. Cette surface transparente, suffisamment large pour occuper les sept mètres et demi de la pièce et s'élevant aussi haut que nécessaire, recevait tout ce qui était projeté sur elle à partir de l'état d'esprit des enseignants qui respectaient les lois élaborées par ceux qui, siégeant dans la plus haute Salle du Temple, observaient et patientaient au fil des siècles. Ainsi, au cours des heures d'enseignement, le Frère supérieur détaillait toutes les idées qui lui venaient à l'esprit, qu'elles soient originaires de sa propre conscience ou des annales du passé, ou encore de ce qui serait le résultat d'une suite d'évènements dans le futur. Ce faisant, il illustrait sur cet écran transparent à la fois ce qui s'était déjà produit et ce qui pourrait avoir lieu, exactement comme il le décrivait à l'oral. S'il désirait narrer une suite d'évènements, alors, au moment où il la relaterait d'une certaine façon, l'assemblée entière verrait que toutes les suites étaient similaires ; que tout évoluait sur le chemin de la Pensée créatrice unique, en parfaite harmonie afin d'accomplir tous les évènements de la manifestation. Les choses qui semblaient se dérouler étaient dues à la perception du professeur ainsi qu'à l'absence des particularités propres à l'individu qui permettaient d'obtenir la connaissance.

Mais à présent, décrivons une séance : minute après minute, des personnes passaient par la porte et entraient dans la salle, qui était plongée dans une douce et agréable pénombre, si ténue que l'on ne pouvait distinguer que ce qui se trouvait à faible distance. Silencieusement et sans parler, ils s'approchaient de leur siège, qui leur était manifestement attribué, puis, une fois assis, ils patientaient paisiblement dans le calme et le silence. Depuis la porte d'entrée, ils s'étaient tous déplacés à travers le carré de démonstration, prouvant ainsi lors de leur arrivée que rien ne se trouvait entre eux et leur siège.

Tous avaient traversé la salle, et ils étaient maintenant assis. Il n'y avait pas un seul absent. Les choses telles que l'absentéisme et le retard n'existaient pas au sein du grand Temple. Ils ne connaissaient que trop bien le formidable pouvoir d'un fonctionnement continu et ininterrompu. Une cloche à la sonorité retentissante, apparemment située au centre de la pièce, sonnait l'heure. D'après les sens personnels, aucune cloche n'était visible.

Le fait que nous, les Atlantes, mesurions le temps pourrait sembler étrange, mais il ne faut pas oublier que rien ne nous était inconnu ; rien de ce qui sera un jour acquis ; rien de ce que le monde contrôlera un jour, n'était déjà assimilé par ceux qui, dans cette soif de connaissances, n'étaient pas seulement désireux de les comprendre, mais également de les utiliser. Nous avions saisi et emmagasiné toutes les connaissances humaines.

Lorsque la cloche retentissait de la manière dont je l'ai décrite, les quarante-quatre élèves et le Frère supérieur, en levant les yeux, s'apercevaient qu'une vague silhouette nébuleuse occupait à présent le siège du professeur qui présidait la séance. S'installant en position de méditation, que les Égyptiens reproduiront par la suite lors de leurs activités au Temple puis gravèrent sur leurs livres de pierre, ils unifièrent leurs pensées.

Ils se concentraient sur trois points successifs : Unité, Harmonie et Amour, car l'on enseignait aux Quarante-cinq que ces trois aspects formaient le non manifesté. Une fois que l'agitation de l'Invisible s'intensifiait en eux, ils attendaient le geste du Frère supérieur pour se lever et, esquissant un signe reconnu par le visible et l'invisible, répétaient des mots possédant en eux-mêmes du pouvoir, de la force et d'intenses vibrations harmonieuses. Ces mots étaient renforcés par d'autres vibrations semblables au son retentissant d'un grand instrument. Elles formaient une réverbération en partie réfléchie et en partie réactive venant de l'Invisible et répondant aux mots, qui s'unifiaient ainsi dans la plus parfaite des formes du désir de ce qu'ils pourraient obtenir. En cette nuit-là, donc, le Frère supérieur commençait par décrire nombre de choses : les évolutions éventuelles de l'ensemble des personnes présentes et de la condition terrestre ; les choses qui pourraient se dresser en travers des nuages et des ténèbres ; les limites, obstacles et résistances possibles, et, tel qu'il les a décrits, pas à pas, les évènements qui pourraient se produire sous certaines conditions. L'écran presque invisible frémissait et chatoyait au rythme des lumières et des ombres qui le caressaient. Ceux qui ne percevaient qu'à travers leurs yeux physiques ne voyaient qu'un ballet de flammes éclatantes. Ceux qui avaient atteint un niveau plus élevé pouvaient percevoir, en plus du jeu de lumière, les couleurs et les formes variables qui se cachaient derrière les couleurs, non seulement sur les représentations des évènements, mais sur les évènements eux-mêmes. Le Futur se présentait comme le Présent éternel. Un des Quarante-cinq, tourné vers l'avant, n'imaginant pas que tout ce dont il était témoin finirait pas se produire dans un Futur proche, et sans vraiment estimer le temps, vit alors que la Fraternité de la Sagesse pourrait disparaitre de la surface de la Terre pendant un certain moment ; mais, en vertu des obligations qui font des disciples de la Fraternité des membres actifs, qu'ils soient morts ou vivants, les adeptes de l'invisible ont recherché, souhaité et engendré la remanifestation et la réincarnation. Tous les signes et les éléments énoncés qui devaient être mis en évidence étaient illustrés sur notre écran. Et ainsi, avec le temps, lors de l'aube d'une nouvelle recréation, pour ainsi dire, nous avons perçu certaines assemblées se déroulant dans le Futur lointain et illustrées sur l'écran. Je m'en souviens parfaitement, car il semblait qu'une part de mon esprit réagissait lorsque les souvenirs du Passé me revenaient ; non seulement pouvais-je voir et sentir ce qui me concernait, mais je ne tarderai pas à me souvenir d'autres personnes, dont la présence et l'aide permettraient de rétablir le présent, qui fera alors partie des temps anciens, et ils témoigneront de la vérité de ce qui était alors illustré.

Je ne pourrais vous décrire en détail l'ensemble des rideaux, décorations et métaux précieux venus du monde entier qui ornaient cette salle, mais sachez que rien n'avait été épargné pour en faire un endroit digne de ses membres, que ce soit dans le monde physique ou dans les forces invisibles, dans le but d'inculquer dans ses moindres détails la véracité des choses qui seront vérifiées. Ceux qui, dans leur vie, connaissent à la fois l'inférieur et le supérieur, perçoivent ainsi les choses apparemment vaines dans de nombreux domaines, et possèdent dans leur force directrice et motrice la force et le pouvoir des siècles précédents. Tous avancent dans le but d'accomplir leur destinée dans le grand dessein de leur existence.

Ainsi, les enseignements étaient dispensés au Quarante-cinq sous forme de vibrations orales, par des moyens visuels ou par transmission de pensées. Quelle que soit la méthode utilisée, les vibrations étaient visibles au sens auquel elles s'adressaient. Leur intensité dépendait de la puissance avec laquelle ces pensées étaient projetées. Mais, au cours d'une séance des Quarante-cinq, des ombres aux silhouettes plus ou moins distinctes jouaient en permanence au sein de ce formidable spectre de couleur.

Lorsque les Trois délivraient leurs instructions, le jeu de formes et de couleurs devenait une chose jamais vue ailleurs dans le monde. Les réflexions ainsi obtenues eurent tant d'effet sur les annales akashiques que les travaux accomplis exercent de puissantes influences tout autour du globe. Le récit des pensées et des actions de ces hôtes des chambres secrètes du grand Temple deviendra un jour un aspect dominant dans les affaires du monde. Tandis que le cycle approche de sa fin, il deviendra de plus en plus puissant. Celui qui est sage et capable a ainsi exposé une vue d'ensemble.

# CHAPITRE XVI

J'ai tenté jusqu'à présent de vous décrire le grand Temple de l'Atlantide ainsi que sa Tour, qui était une des merveilles du monde. Tout ne se résume pas aux choses visibles ; tout comme l'arbre, porteur de fruits selon leur espèce, ne représente absolument pas la partie la plus importante du développement organique. Les organes de la croissance et de la transformation sont dissimulés aux yeux des désœuvrés. Ainsi, nous avons les anges et les esprits de lumière au milieu des cieux ; les mortels visibles et invisibles sur terre ; et les êtres appartenant aux races inférieures sous terre, qui n'ont jamais été subjugués par les pouvoirs spirituels qui règnent dans les salles supérieures.

Plus tard, ces êtres élémentaires seront qualifiés de salamandres, d'esprits de l'eau, de kobolds, de gobelins et de nains. Ils œuvrent dans le feu, l'eau, la terre, et la roche. Lors des derniers jours de l'Atlantide, c'était au milieu des feux d'une chaleur incommensurable que les incroyables réserves d'or et de joyaux, détenues par la trésorerie du Temple, étaient confectionnées dans des conditions primitives. Tout cela illustrait également la grande loi de la Transmutation.

En s'élançant vers le milieu des cieux, la grande Tour, éternellement dirigée vers le haut, représentait la quête permanente que l'homme entreprend dans la mesure de ses capacités à la recherche de la vérité, de la lumière et du pouvoir. La partie de la Tour qui plongeait toujours plus profondément dans les entrailles de la

Terre rassemblait les utilisations matérielles et physiques de ce qui pouvait être transmuté. Elle détenait également la leçon de la «Descente dans la matière» - l'environnement de l'homme. En ce qui concerne l'homme lui-même, elle contenait aussi la doctrine du cerveau triunique. La leçon qui s'adressait au monde entier, aux Atlantes et aux étrangers, était la suivante : «Dans les cieux et sur la terre, et dans les eaux sous la terre».

Nous avons déjà mentionné que la ville d'Atlantis baignait dans une splendeur dont la gloire n'avait jamais été égalée. Ses bâtiments n'ont jamais été surpassés, que ce soit par rapport à la symétrie de leur architecture, aux matériaux utilisés ou à la finesse de leurs préparatifs et de leurs motifs artistiques. Il y avait également une grande présence d'or et de joyaux, en une quantité telle qu'elle dépassait les limites de la raison.

Ils étaient également portés comme bijoux, même par les personnes de vie modeste, pour ainsi dire, puisque les différences entre riches et pauvres avaient depuis bien longtemps cessé d'inquiéter la nation. Il était devenu évident qu'une source d'approvisionnement presque inépuisable devait être facilement accessible. La Tour qui s'élevait fièrement vers le ciel descendait dans les montagnes sur la même distance, et les caves et les sous-sols étaient occupés par des êtres appartenant aux races inférieures, qui avaient été asservies par les pouvoirs spirituels de ceux qui régissaient les salles supérieures.

Aucun des non-initiés ne savait avec certitude ce qui se passait au sein de la montagne. Seuls les Trois avaient reçu ce secret des Bâtisseurs. Aux yeux de cette caste, les choses matérielles qui avaient de la valeur ou une quelconque utilité aux yeux des mortels n'avaient plus d'importance depuis bien longtemps, à moins qu'elles ne puissent orner ou embellir le Temple ou la ville.

Sous le sanctuaire, derrière une porte encastrée dans la roche, à l'arrière, se trouvait une volée de marches qui menait à une salle creusée dans le roc. De là, un autre escalier conduisait à une salle similaire, puis une autre, et encore une autre, et encore un autre escalier et une autre salle.

D'étranges outils se trouvaient dans ces salles, façonnés de manière à être utilisés au cours des activités des ouvriers. Ces activités exigeaient l'utilisation de certains matériaux, afin de faciliter l'apparition et la finition de leur travail. Les projections de leurs esprits rapportaient les résultats obtenus par les diverses combinaisons. Beaucoup de ces outils et activités entreront parfois en possession des Atlantes réincarnés, et d'autres ne seront pas confiés qu'aux plus fidèles d'entre eux.

Au premier sous-sol, les esprits de l'air œuvraient et travaillaient, obéissant à la volonté des Maitres.

Au deuxième sous-sol, les esprits de la terre faisaient des va-et-vient, déterminés à mener à bien leurs objectifs.

Au troisième sous-sol, des êtres élémentaires, dont la forme peinait à dissimuler leurs violents et ardents feux intérieurs, résolvaient les diverses énigmes de la métallurgie.

Au quatrième sous-sol, le plus bas de tous, les esprits des profonds abysses aquatiques façonnaient tout ce dont l'homme avait besoin et pouvait s'emparer depuis leur royaume, à des fins d'utilisation ou de décoration.

Depuis chacun de ces sous-sols, de vastes tunnels menaient

à l'intérieur des montagnes et du Continent. Les esprits de l'air s'élevaient grâce à une trajectoire en spirale jusqu'aux points culminants des montagnes, afin de communiquer avec leurs semblables du monde extérieur et de s'approvisionner.

Le tunnel du sous-sol des esprits de la terre débouchait sur une partie inaccessible des montagnes, sur un petit plateau, qui était constamment protégé par un impénétrable voile de brouillard.

Le tunnel des esprits du feu menait sous le Continent, et descendait en diagonal sous les feux volcaniques de la Terre.

Le tunnel des esprits de l'eau était directement relié aux océans par le plus court chemin possible.

Semblable à une grotte, la trésorerie du Temple se trouvait au centre de la montagne. Cette réserve communiquait avec les quatre tunnels et, via une entrée secrète, avec le Temple lui-même. Il s'agissait non seulement de la trésorerie du Temple, mais également de celle de la nation.

Celui qui connaissait le secret de la trésorerie se tenait à l'arrière du lieu saint, un certain jour de l'année à midi, et observait jusqu'à ce que, dû à un agencement particulier des plaques de marbre poli, un unique rayon de soleil émis depuis les salles au-dessus se reflétait sur le mur du fond. Celui-ci n'apparaissait que si l'observateur se tenait dans une position particulière, et seulement pendant trois minutes. Après l'avoir vu, il se tournait alors d'un quart vers la droite avant d'avancer de sept pas en ligne droite puis, reprenant sa position d'origine, avançait de cinq pas supplémentaires avant de se tourner d'un quart vers la gauche et de faire trois derniers pas qui l'amenaient alors face à un mur manifestement vide et hautement décoré. Mais pour celui qui possédait la clé, une légère pression sur un joyau extrêmement précieux, qui servait apparemment d'ornementation, ouvrait une immense porte de pierre pesant des tonnes, mais équilibrée de sorte à bouger facilement et sans bruit, et qui était cachée par le sanctuaire dressé devant elle. Après avoir fièrement franchi la porte et dès que son pied se posait sur le sol dallé, celle-ci retournait à sa position initiale. Elle pouvait s'ouvrir de l'intérieur en appuyant sur une légère saillie située à l'arrière. Treize fois, treize marches l'amenaient face à un mur vide, à travers un couloir haut et vouté, éclairé par la lumière éternelle générée par l'effet des terres positives et négatives conjuguées à la roche, qui émettaient une lumière électrique phosphorescente dont le secret a été enseveli avec la nation, mais qui pourrait bien être percé à jour ultérieurement par les chimistes, tout comme les experts en coffre-fort parviennent à retrouver les combinaisons oubliées de leurs serrures. Encore une fois, celui qui connaissait le mécanisme secret pouvait ouvrir et traverser ces passages. La salle des trésors s'ouvrait à l'Inspecteur du Temple le jour de l'équinoxe du printemps, lorsque le soleil se couchait à l'ouest.

# CHAPITRE XVII

C'était une vision qui accrochait son regard, qu'une âme corrompue par l'avarice ne pourrait jamais contempler : des amoncèlements d'or, d'argent et d'aluminium, obtenus grâce à un pouvoir électrique condensé agissant à travers des aimants surchargés en acier d'excellente qualité. Dans les années à venir et pour un certain temps, les forces d'induction demeureront incomprises. Mais le jour viendra où ils maitriseront le secret de la meilleure méthode pour extraire l'aluminium de son argile original. Cette réserve de métaux nobles empilés pouvait durer des siècles ; et leur production continue n'avait pas cessé puisque chaque jour des quantités supplémentaires s'y ajoutaient.

Outre ces métaux, des montagnes de joyaux inestimables s'entassaient, certains encore chauds des feux de la terre et de l'eau dans lesquels ils avaient été cristallisés. Les joyaux polis et bruts scintillaient et brillaient à la lumière, qui était aussi dense et abondante que dans le couloir.

Les ouvriers des différents sous-sols déposaient les résultats de leurs labeurs dans cette pièce. Les souverains civils y recevaient rapidement tout ce dont ils avaient besoin pour leur commerce avec les nations étrangères. Mais il y avait également des réserves et des trésoreries dans la ville. Celle-ci appartenait au Temple, et résultait du labeur de ses serviteurs. En cas de nécessité, les souverains civils pouvaient faire usage des réserves du Temple autant qu'ils le désiraient.

Aucun œil humain n'a jamais vu, et aucune langue n'a jamais décrit l'immensité des richesses accumulées à ce jour dans cette solide trésorerie au creux des montagnes et sous les flots. Il y avait là suffisamment d'or pour détruire la valeur de l'or actuellement en usage sur Terre. Mais lorsque le jour de sa découverte viendra, il appartiendra à une nation si exempte d'avarice que l'influence karmique de ce trésor n'aura aucun effet sur elle.

Sur la porte intérieure qui s'ouvre sur la trésorerie se trouve un sceau sur lequel peut se lire l'inscription suivante : « La Volonté absolue du Tout Puissant garde ce trésor en sécurité jusqu'au jour de la restitution. Les anges de l'eau en sont responsables. »

Il n'est guère nécessaire de préciser que les joyaux et l'or étaient entièrement confectionnés par les occupants des sous-sols, et que leurs reflets dans la lumière astrale, dans les visions des clairvoyants, étaient la raison pour laquelle tant d'honnêtes partisans croyaient en la transmutation des métaux de base en or et en joyaux.

# CHAPITRE XVIII

Les différentes modifications et Assemblées se déroulaient de la façon suivante : comme précisé précédemment, la prêtrise était responsable de l'éducation du peuple. Tout comme aujourd'hui, certaines personnes étaient davantage compétentes pour accomplir une tâche plutôt qu'une autre. Mais celles dotées d'une compréhension pénétrante qui alliaient révérence et désir avide de connaissances concernant l'invisible et le dissimulé, où qu'elles se trouvent, étaient envoyées au service du Temple, première étape afin de séparer le bon grain de l'ivraie.

Ceux qui, au cours de leur entrainement au sein de la famille du Temple, faisaient preuve d'un degré d'intelligence et de perception supérieur aux autres étaient transférés chez les Quarante-cinq, puis, de la même manière, chez les Quinze. La sélection pour accéder aux salles supérieures s'opérait de la même façon parmi les membres les plus développés et adaptés aux tâches à accomplir. L'entrainement des Quarante-cinq était tout d'abord centré sur la soumission aux conseils de l'Invisible plus poussée que celle d'érudits ordinaires du Temple. Lorsqu'ils atteignaient le niveau où, obéissant à des directives, ils s'évertuaient à penser aux diverses choses demandées, leur faculté de contemplation profonde et intense se renforçait jusqu'à devenir une seconde nature.

L'étape suivante portait sur la concentration. Prêtez attention aux différentes étapes : soumission, méditation, concentration. Lorsque les pensées étaient rassemblées et les vibrations uniformes et continues, ils apprenaient alors à projeter cette pensée concentrée qui formait l'essence de leurs méditations. Telle l'Unité absolue, Il médite, telle l'Idéation divine, Il se concentre, telle la Pensée créatrice, Il projette. Plus l'habitant de la Terre suit cette démarche, et plus il sera capable de saisir la force de l'Invisible afin de la mettre au service du bien.

Des années de discipline au sein des Quarante-cinq, puis plus tard parmi les Quinze, préparaient chaque membre des Sept à accomplir ces tâches de façon experte. Cette perfection était encore davantage approfondie chez les Cinq, qui s'exerçaient à attirer les vibrations des forces invisibles de tous genres afin de les aligner à leur propre projection, maitrisant ainsi les pouvoirs des grands noms.

Cette technique était semblable à des ouvriers se saisissant d'une balle en métal mou depuis le creuset ou le fourneau et la faisait rapidement tournoyer dans les airs jusqu'à lui donner une certaine forme, avant de la lancer afin d'accomplir leur volonté.

Mais diriger l'ensemble des forces ainsi rassemblées était le privilège des Trois et il n'y avait pas de place à l'erreur, pas même pour quelques pensées contradictoires flottant dans leurs esprits. À chaque Assemblée, un tirage au sort déterminait la personne qui contrôlerait le mouvement des vibrations vers l'extérieur, et les deux autres membres des Trois joignaient leurs pouvoirs au sien. Les Assemblées ordinaires se déroulaient lors des pleines lunes de chaque mois. Mais les Assemblées extraordinaires étaient sous la responsabilité des Trois. Lorsqu'une Assemblée extraordinaire était organisée, le mot prononcé à la dernière Assemblée était murmuré à chacun des membres, depuis l'Invisible, de telle sorte que tous pouvaient reconnaitre et comprendre l'appel.

À la fin de l'Assemblée, le Frère supérieur de chaque section recevait du Frère supérieur de la section la plus élevée un mot semblable à celui-ci : « Myld ». Le Frère supérieur le transmettait à leurs sens intérieurs (il n'était jamais prononcé à l'oral), en tant que mot de passe de fin de session.

Si une Assemblée extraordinaire était organisée, chacun d'entre eux recevait dans leur oreille intérieure ce Mot qui venait du Silence, et ainsi non seulement le jour était-il annoncé, mais l'heure était également fixée, toujours plus ou moins éloignée du coucher du soleil. Si aucune Assemblée extraordinaire n'était prévue, tous ceux qui étaient présents à l'ouverture de la rencontre habituelle suivante prononçaient ce mot l'un après l'autre, à voix basse, afin de récupérer ce qui avait été émis.

Les Trois débutaient solennellement la cérémonie dans la salle supérieure. Dès le premier mot de l'invocation, le « centre de feu » rougeoyait et brillait, et l'ensemble des tâches prévues et organisées nécessitant du pouvoir étaient réparties parmi les salles au-dessous. Dans la salle des Cinq, les plaques de marbre poli réfléchissaient les ordres. Dans la salle des Sept, les notes de la cloche, semblables au son d'une douce harmonie, contaient l'histoire. Mais à l'oreille intérieure exercée du Frère supérieur des Quinze lui venait, comme s'il était saisi d'une inspiration irrésistible, les tâches à accomplir.

Le respect et l'exécution de ces ordres ne souffraient d'aucune hésitation, et leur action d'aucun retard.

Les forces rassemblées de la nation, gérées pas les Quarante-cinq, étaient envoyées au Quinze, qui les intensifiaient puis les transféraient au Sept, où, liées ensemble, elles étaient consolidées et façonnées, avant que cette puissance projetée ne soit confiée aux Cinq, qui harmonisaient ses vibrations avec celles de l'univers. Ainsi transformée de l'unique à l'universelle, cette projection du pouvoir concentré de la nation était placée entre les mains des Trois qui, unissant leurs forces dans l'Unique et dans toute la magnificence de leur pouvoir, se tenaient prêts à la jeter dans l'espace, leur permettant de conserver tout ce qu'ils avaient obtenu.

Tout ce qui concerne l'entrainement ne peut être illustré par de simples mots. Le temps nécessaire pour réaliser toutes les tâches exceptionnelles accomplies par nos Frères ancestraux ne peut être perçu que par les élèves essayant de dominer leur état mental par eux-mêmes.

# CHAPITRE XIX

Ceux qui régnaient sur l'Atlantide, comme la prêtrise, tenaient sagement et idéalement le gouvernail de l'État avec succès pourvu que les intérêts de la nation dans son ensemble soient pris en considération. Tant qu'ils mettaient de côté leur individualité, ils ne cherchaient qu'à atteindre la sagesse, et que les choses bénéfiques qui en découleraient pouvaient être partagées parmi la nation, qui recherchait de la lumière et de l'aide auprès d'eux ; tant que les Trois, les Cinq et les Sept, ainsi que les Quinze et les Quarante-cinq étaient distincts tout en ne formant qu'un, la seule différence étant le niveau de puissance avec lequel ils pouvaient travailler au sein de leur rang, tous satisfaits que l'accomplissement parfait de leurs tâches et l'acquisition de connaissances à partir d'expériences apporteraient la récompense qui accompagne toujours la réussite, tout irait bien.

Ils s'intéressaient à l'accomplissement parfait de leurs tâches et non au résultat, et de ce désir vint la concentration de pouvoir entre leurs mains, faisant d'eux la meilleure nation sur Terre pour élucider les mystères cachés. Il ne s'agissait pas de flotter oisivement, mais de s'engager parfois dans une lutte féroce et désespérée dans les domaines de l'Invisible. Tandis que leur perception s'ouvrait à une notion après l'autre, les gardiens des vérités cachées et les personnes qui, par ignorance ou avec malveillance, s'engageaient à désorienter la compréhension des mortels, mettaient tout en œuvre pour bouleverser et, si possible, rompre les clés des principes universaux. Et il leur fallut de nombreuses années, d'innombrables siècles, avant de comprendre que des personnes harmonieusement unies et concentrées sur un même et unique objectif dans le domaine spirituel étaient tout aussi puissantes que des groupes sur le plan physique, à la différence que si la condition spirituelle était parfaitement entrainée et harmonieuse, il n'y aurait aucune défection ni aucune faiblesse subite, car la faiblesse n'est en aucun cas une caractéristique spirituelle. Alors qu'une armée, ou tout autre groupe physique de personnes peut être ébranlé à tout instant.

Par conséquent, seules les personnes ayant largement surmonté les limites de leur corps et de ses désirs étaient admises aux travaux des assemblées indépendantes et secrètes, car elles permettaient ainsi à l'Esprit d'opérer dans un large espace dégagé.

Par ailleurs, une fois les idées et les pensées occultes solidement développées, elles agissaient tel un aimant entre les personnes ayant le même raisonnement, qu'elles se trouvent dans les univers incarnés ou à différents endroits de la Terre, là où les lumières allumées par le flambeau des Atlantes, de par sa réflexion inspirante, stimulaient les individus à leur portée à se vouer à des recherches plus poussées et approfondies. Connaissant l'existence de l'Atlantide, ils y furent attirés puis finirent par y demeurer et partager son lourd destin, disparaissant de la surface de la Terre pendant un certain temps, l'ensemble de leurs connaissances suffisamment dispersées sur Terre pour devenir les germes du salut des générations à suivre, grâce à ceux qui, dans le Silence de l'Invisible, avaient prédit et assisté au cataclysme (mais pas à sa cause).

Au début de cette nouvelle période, les séparations et les regroupements conduisirent inévitablement, au fur et à mesure de l'évolution, à la mise en avant de meneurs. Tout cela était pour le mieux, si ce n'est que le monde n'accepte pas et s'oppose à l'agressivité de nouvelles idées à l'aide de couteaux, fagots, échafauds, puis à l'aide des pouvoirs plus subtils de l'esprit, écrasant, torturant et détruisant instruments et meneurs.

Ceux qui possédaient alors les connaissances souffraient d'une mort ignominieuse. Ces connaissances mêmes étaient menacées, par les machinations d'ennemis secrets, d'être anéanties de la surface de la Terre et de la perception de ses habitants. Cela se produirait certainement avant qu'elles ne s'enracinent fermement, et les puissances néfastes en étaient bien conscientes. C'était en connaissance de cause que celles-ci agissaient, encore et encore, dans le but que les meneurs des forces occultes se condamnent à la destruction ou perdent entièrement contact avec les autres nations.

C'est pourquoi les personnes responsables de la conservation de ces connaissances se résolurent à divulguer leurs enseignements aux hommes à travers la voix et le cerveau d'un Brahma ou d'un Jésus, qui résideraient au sein d'une solidarité de nombreuses personnes unies en une seule. Mais même ainsi elles firent face à un obstacle. Afin de préserver la vérité, il était essentiel d'accentuer l'individualité du peuple, dans sa perception et dans sa réalité, ce qui aura pour conséquence de les confronter à la profonde individualité de chaque personne qui les désoriente et les submerge. Ceux qui cherchent à étudier ce concept et à devenir sage doivent, pour ainsi dire, entrainer les unités composées de membres afin qu'elles ne forment plus qu'un, et ainsi naitra un nouveau Messie, ou une nouvelle vérité. Le Christ du grand Cycle prendra forme de l'union de nombreux individus, ou d'une nation, qui se présenteront comme les représentants de la nouvelle vérité.

Les témoignages passés des Adeptes rapportent une description d'une vision de l'un des Puissants : une idole dont la tête, le corps et les membres étaient composés de différents métaux, et dont les pieds étaient en fer et en aluminium. Chacun de ces métaux représentait une ère messianique, une nouvelle vérité, et un empire directement lié à une manifestation de cette vérité ; ils représenteront les dirigeants des précédents régimes. Puis la vision se poursuit et dévoile une pierre taillée sans mains à partir de la montagne, symbole d'une nation se façonnant elle-même jusqu'à devenir le Messie, et qui, avec cette puissance, surpassera tout ce qui ne lui a jamais précédé, de par sa manifestation et son régime. En tant que membres de la nation, tous ceux qui regardaient vers la lumière, tous ceux qui recherchaient de manière désintéressée la sagesse, atteindraient cette lumière et cette sagesse ; et, se rapprochant toujours plus, telles des gouttes de mercure en contact, ils ne formeront plus qu'un. Nous œuvrons et attendons dans ce but.

# CHAPITRE XX

Parmi les archives de cette époque et de ce pays, la prophétie suivante nous est parvenue jusqu'à la génération d'aujourd'hui :

« Et il adviendra en ce temps-là, lorsque les plus profondes connaissances jamais transmises sur Terre seront assimilées par une minorité, à condition d'être légitimement et sincèrement contrôlées afin de profiter au plus grand nombre, qu'elles apporteront sagesse, bienfait et développement aux habitants de la Terre. Mais il faudra également surmonter les choses naturelles et physiques, ce qui causera trouble et profond désarroi, car jamais les choses physiques ne cèderont face à l'Esprit sans résister. Tout progrès du parcours de l'âme est stimulé par l'instinct de l'Esprit l'incitant à retrouver ses pouvoirs et son état originels tels qu'ils étaient avant qu'elle ne se sépare de l'Un. Chercher à savoir, en employant tout ce qu'accorde le pouvoir de l'Esprit de compréhension et d'exécution, n'est ni un péché ni un crime. De même, l'Un ne considère pas de telles tentatives comme des péchés. Au contraire, IL considère que ceux qui se sont individualisés auront, tôt ou tard, accès à toutes les connaissances. C'est là l'acquisition parfaite. Il adviendra que quiconque apte à assimiler ces connaissances les recevra, mais quiconque convoitera ce pouvoir sans en être digne en subira les sévères conséquences, et ce qui a déjà été acquis pourra être repris. Ceux qui détiendront les connaissances, à l'apogée de leur recherche, ne seront pas pécheurs ; mais ceux qui chercheront à les obtenir de force, avant d'être prêts à assimiler les choses dissimulées et en faisant fi du consentement ou de la loi de l'Un, feront alors face à de terribles conséquences ; de même, si la nation évoluait jusqu'à être si avancée que ses connaissances devenaient, dans leurs usages, un risque pour les autres nations du monde, elles lui seraient alors retirées. Mais il est vrai que l'homme physique n'a de valeur que pour son rôle d'instrument dans le calcul des évènements sur Terre. Bien que la disparition de millions de personnes puisse être terrible aux yeux des hommes, rien de cela ne pouvait être imputé aux dirigeants. Il s'agissait d'une chose distincte, indépendante, et qui obéissait à la loi. Si les dirigeants souffraient, c'était parce qu'ils avaient désobéi à la loi qui interdisait aux créatures de s'emparer de force auprès de l'Un de toutes connaissances auxquelles elles n'étaient pas dignes.

La rencontre du pouvoir limité et du pouvoir universel ne peut aboutir qu'à une seule issue. Ainsi, vous comprendrez à présent qu'il n'y avait aucun péché, mais seulement le résultat de la loi de l'Univers. Même le désir ardent que l'on pourrait considérer comme un péché était, en un sens, légitime et résultait de diverses raisons implantées par la Pensée créatrice elle-même. Ils n'étaient pas responsables, mais ils en étaient les instruments. La loi devait absolument s'appliquer. Comme le disaient toujours les Sages, les choses qui, pour les habitants de la Terre, semblaient être de grands désastres devaient se produire, et les instruments devaient être utilisés à cette fin. Mais ces instruments ainsi mis en avant devaient être punis pour ce qu'ils avaient provoqué.

En ce qui concerne les perspectives de réussite, les instruments des puissantes forces de l'Invisible n'avaient à l'évidence pas obtenu la force désirée et nécessaire à l'aboutissement parfait. Jusqu'au moment où une concentration appropriée pourra être atteinte grâce à un entrainement supplémentaire, ils chercheront à surmonter et à maitriser autant de connaissances acquises auparavant que possible.

# CHAPITRE XXI

Afin de prouver que le contenu de ce livre, ses affirmations et informations sont fiables, voici un addenda dans lequel nous fournissons à nos lecteurs deux coupures extraites des innombrables journaux de ces dernières années.

La coupure suivante cite le témoignage maya de la destruction de l'Atlantide, extraite de la traduction du Dr Augustus Le Plongeon du manuscrit Troano :

« Lors de l'année six *Kan*, le onze *Muluc*, du mois *Zac*, se produisirent de terribles tremblements de terre, sans interruption jusqu'au treize *Chuen*. La patrie aux collines de terre mouillée, le "pays de Mu", fut sacrifiée. Deux fois soulevée, elle disparut dans la nuit, le bassin dans lequel elle se trouvait sans cesse secouée par les forces volcaniques. Encerclé par celui-ci, le pays ne put que couler et remonter maintes fois à divers endroits. Enfin, la surface céda et les dix régions du continent furent réduites en morceaux et dispersées ; incapables de supporter le choc des secousses sismiques, elles sombrèrent en emportant soixante-quatre-millions d'habitants, quelque huit-mille ans avant la rédaction de ce livre. »

Le deuxième extrait décrit un des bâtiments construits par des Atlantes réincarnés, lorsqu'ils exerçaient une influence sur les rives du Nil, des siècles après la destruction de leur patrie bienaimée :

« Il y a quelques mois, alors que les ouvriers se livraient à la restauration d'une partie abimée de la Grande salle hypostyle du grand temple de Karnak, en Égypte, onze colonnes cédèrent et s'effondrèrent. Cela eut lieu il y a quelques mois. Treize colonnes s'étaient déjà écroulées jadis et les onze autres cédèrent lors des préparatifs de leur restauration, ébranlant trois autres colonnes que l'on dut retirer de force.

« Notre lectorat archéologique sera ravi d'apprendre que des centaines d'ouvriers arabes dirigés par des ingénieurs qualifiés se sont engagés dans la restauration de ces ruines anciennes, les plus grandes et les mieux préservées de l'Égypte d'aujourd'hui.

« Les vingt-sept colonnes seront reconstruites à leur emplacement original. Les chapiteaux de chaque colonne pèsent environ 1242 tonnes. Les architraves pèsent environ 25 tonnes chacune.

« Les procédés techniques actuels n'étant pas à même d'accomplir la reconstruction de cet ouvrage, un immense plan incliné nécessitant 100 000 mètres carrés de terre sera construit à la manière des anciens architectes puis retiré une fois le chantier terminé, date que l'on estime à mai 1904.

« En décembre dernier, M. Legran, responsable de ce projet, a découvert un splendide buste représentant l'un des anciens dieux égyptiens. D'autres parties de la statue sont par la suite apparues, et l'on espère retrouver les dernières qui manquent afin qu'elle retrouve sa forme originale, excepté, peut-être, un petit morceau de sa jambe. Cette statue, appelée Khonsou de Thèbes, Dieu du jour, sera reconstituée dans le Temple rénové, et l'on s'attend à ce que d'autres trésors d'art ancien soient exhumés lors des prochains retraits de débris accumulés dans ces ruines au cours du temps. »

*FIN*

**Les Éditions Discovery** est un éditeur multi-
média dont la mission est d'inspirer et de soutenir la
transformation personnelle, la croissance spirituelle
et l'éveil. Avec chaque titre, nous nous efforçons de
préserver la sagesse essentielle de l'auteur, de l'ensei-
gnant spirituel, du penseur, guérisseur et de l'artiste
visionnaire.